日ソ張鼓峯事件史

笠原　孝太　著

錦　正　社

推薦の辞

日本大学国際関係学部国際関係研究所所長
教授　博士（国際関係）　吉本隆昭

この度、笠原孝太君の『日ソ張鼓峯事件史』が錦正社から刊行される運びとなり、指導教授として誠に慶びに堪えない。笠原君の著書は、米国のアルヴィン・D・クックス教授が一九七七年に *The Anatomy of a Small War*（邦訳『もう一つのノモンハン　張鼓峯事件　1938年の日ソ紛争の考察』原書房、一九九八年）を世に出して以来、四〇年近く纏まった張鼓峯事件研究が現れなかった状況で、ロシア所蔵の当時のソ連軍文書（一次史料）を駆使した我が国では初めての本格的な研究である。

笠原君の張鼓峯事件研究は、私が平成十八年三月に防衛庁（現防衛省）防衛研究所戦史部主任研究官としてノモンハン事件の見直しのためにモスクワのロシア国防省軍事史研究所及びロシア国立軍事公文書館に出張した際に、コルツコフ軍事史研究所長から提供された張鼓峯事件（ロシア側呼称はハサン湖事件）の論文集と史料集を使って始まった。

笠原君は、日本大学国際関係学部国際交流学科を卒業後、ロシア・サンクトペテルブルク国立大学に留学、帰国後日本大学国際関係学部国際総合政策学科の助手として勤務し、同大学院国際関係研究科博士前期（修士）課程修了後、現在大学院研究生としてロシアでの研究の準備を進めている。笠原君への研究テーマの選定と研究指導は、私が学科主任で、彼が学科の助手であった時から始まり、大学院入学後は、彼自身がモスクワのロシア国立軍事公文書館及びウラジオストックの沿海地方公文書館で収集したソ連軍一次史料を使った本格的な研究を加速させ、その結果完成した修士論文「総力戦としての張鼓峯事件」を元に、その後の研究成果を加えて本書は出来ている。

笠原君は、この張鼓峯事件研究を足がかりに、今後ロシア所蔵のソ連側一次史料を駆使してノモンハン事件を含む一九三〇年代の日ソ関係全般の研究を発展させ、日ソ関係研究に新たな光と大いなる進展をもたらしてくれると確信している。

平成二十七年七月

はじめに

一九三二年の満洲国建国によって、日ソ両国は事実上国境を隔てて直接対峙することになり、以降日ソ間の国境紛争は数多く発生した。一九三四年までの両国の国境紛争は、名称を付けるに至らない程度の小競り合いで「小規模紛争期」といわれている。その後、日ソ両国の衝突は次第に回数を増していき、一九三五年には楊木林《ようぼくりん》事件、一九三六年には金廠溝《きんしょうこう》事件、長嶺子《ちょうれいじ》事件などが発生するなど、日ソ両国は「中規模紛争期」へ移行していった。さらに、一九三七年には、日ソ両国が国境河川にある中州の帰属をめぐり軍事衝突に至った乾岔子《カンチャーズ》島事件が勃発した。日本軍がソ連軍の砲艦を撃沈するなど、従来の小競り合いの域を超えた同事件を機に、日ソ両国は「大規模紛争期」へと突入していった。しかし乾岔子島事件は外交交渉によって決着し、ソ連軍が速やかに撤退したため、戦闘が拡大することはなかった。

このように満洲国建国以来続いてきた一連の日ソ両軍の衝突が、初めて大規模な交戦を伴う国境紛争へと発展したのが、一九三八年の張鼓峯事件である。

従来、張鼓峯事件は近代化したソ連軍に対して日本軍が専守防衛で戦ったため、結果としてソ連軍の勝利に終わり、日本軍は近代戦の洗礼を受けた戦いだと認識されてきた。しかし、この認識は日本の史料に基づいた日本の評価である。

ソ連時代はソ連側の史料を閲覧することができなかったため、日本ではソ連側史料を使用した新たな張鼓峯事件研究は不十分であり、依然として日本の研究成果による一方的な事件像が構築されたままである。

しかしながら、冷戦が終結しソ連が崩壊して久しい現在、多くのソ連側史料が公開されており、それらを使用したロシア側の研究成果の蓄積も十分である。従って張鼓峯事件に関しては、日ソ・日露両国の史料、先行研究を用いた歴史学的なアプローチを行う環境が整ったといえる。

本書では、ソ連側史料とロシアの研究成果を日本側史料、先行研究と比較することにより、従来の定説の見直しと、張鼓峯事件の再評価を行った。その際、日ソどちらかに肩入れした見方はせずに、史料に基づいた公平公正な検証を心掛けた。

「序章」では、本書執筆に当たって使用した主要先行研究及び主な史料について簡単に紹介を行った。

「第一章　張鼓峯事件の従来の定説」では、張鼓峯事件をソ連側の史料・文献を用いて再検討するに当たり、まず張鼓峯周辺の地誌や両国の部隊編成などの基本的な情報を整理した。また、そもそも張鼓峯事件とはいかなる国境紛争だったのかを示すために事件の概要も記した。この概要は、日本側の史料に基づいた従来の張鼓峯事件像であり、いわゆる日本側の定説である。

「第二章　日本の評価とソ連の分析」では、武力衝突の直接の原因となった沙草峯地区へのソ連国境警備兵の進出に焦点を当て、威力偵察論の考察や張鼓峯の価値、武力衝突の勃発に関する従来の定説を再検討した。

「第三章　外交交渉」では、張鼓峯事件で平和的解決を優先した日本が、武力衝突後も粘り強く外交交渉を行い停戦合意に至った過程に焦点を当てた。また国境線認識についても、ソ連外交文書から明らかになった新事実に基づき新しい仮説を提議した。

「第四章　損害」では、ロシア側の最新の研究成果によって明らかになったソ連軍の損害と日本軍の損害の比較検討を行った。さらにソ連軍の戦闘参加兵力数について、先行研究を再検討し新しい数字を示した。

「第五章　ソ連極東地方住民の支援」では、沿海地方公文書館の一次史料を使用し、張鼓峯事件当時の極東地方住民の後方支援活動を明らかにした。また、史料から明らかになった当時の天候が、ソ連軍にどのような影響を与えたかについても考察した。

「第六章　事件の教訓」では、張鼓峯事件を通じて日ソ両国が得た教訓を再検討した。特にソ連側については、極東地方が得た地域的な教訓を明らかにした。

「第七章　停戦時の再検討」では、停戦時に張鼓峯を占領していたのは日本軍とソ連軍のどちらだったのかを再検討した。従来の先行研究に加えロシア人研究者から入手した資料やインタビューなども踏まえて、本書としての結論を出した。

「終章」では本書の分析、再検討によって明らかになった諸事実に基づき、張鼓峯事件の総括を行った。

張鼓峯事件と同じ日ソ国境紛争であるノモンハン事件の研究は、近年出版された複数の研究書によって新しい段階へと進んだといえる。

張鼓峯事件の研究も前に進めなければならない。本書が張鼓峯事件の新しい研究の礎となり、ひいては一九三〇年代の日ソ関係の解明に繋がる些かの知見を提供できれば幸いである。

凡例

一　張鼓峯は「張鼓峰」と記されることがあるが、本書では引用による場合を除いて張鼓峯に統一した。

二　日本の史料からの引用では、旧字体を新字体に改めた。

三　張鼓峯事件で戦ったのは朝鮮軍と労農赤軍であるが、本書では日本軍とソ連軍と表記した。ただし、引用や個別名称を示す必要がある場合は正式名称を記した（本書ではソヴィエト社会主義共和国連邦をソ連と表記した）。

四　ソ連の地方、州、市、村の呼称は事件当時のものに統一し、ソ連の行政区画としての極東は「極東地方」、ソ連の東側全体を示す場合は「極東地域」と記した。

目次

図版目次

表目次

日ソ張鼓峯事件史

序章

日本における張鼓峯事件の研究は、ほとんどが満洲事変から第二次世界大戦に至る過程で勃発した国境紛争の一つとして取り上げられており、張鼓峯事件を専門に扱った先行研究は少ない。そこで、主要な先行研究を日本とソ連・ロシアの研究成果に大別し、日本側の先行研究については一九三〇年代の出来事の一つとして張鼓峯事件を扱っている研究（全体的研究）と張鼓峯事件を専門に扱っている研究（専門的研究）に分けて示す。

第一節　先行研究

一　日本の主要先行研究

——全体的研究——

後の張鼓峯事件研究に大きな影響を与えたのが、一九三九（昭和十四）年に刊行された中村敏『満ソ国境紛争史』[1]である。同書は、張鼓峯事件の勃発から外交交渉による停戦合意に至るまでの一連の経緯をまとめており、日本における張鼓峯事件像の構築に大きな影響を与えたといえる。また事件翌年の発行ということもあり、当時の日本側の分析や評価を知る上では大変貴重な研究書である。しかしながら、すべての参考文献が日本側の史料である点と事件直後の発行という時間的な要因から、ソ連に関する分析や評価の根拠に乏しい点も見受けられる。

一九六三（昭和三十八）年の日本国際政治学会　太平洋戦争原因研究部編『太平洋戦争への道　開戦外交史　4　日中戦争〈下〉』[2]では、張鼓峯事件の概要説明に加えて稲田正純大佐の「威力偵察論」について検討を行っている。

一九七四（昭和四十九）年に刊行された林三郎『関東軍と極東ソ連軍』[3]は、これまでの張鼓峯事件史に加えて、ソ連側の公刊戦史や研究書も使用しており、事件後の極東ソ連軍の動向やソ連共産党第十八回大会での張鼓峯事件の評価など新しい知見を開いた文献である。

二〇一二（平成二十四）年には平井友義『スターリンの赤軍粛清――統帥部全滅の謎を追う――』[4]が刊行された。同書はブックレットであるため出典は明らかにされていないが、全般にソ連側史料を使用した形跡があり、張鼓峯事件に関する論述でも同様のことがいえる。しかし同書は張鼓峯事件に特化した論考ではないため、事件の新しい評価を行ったものではない。

論文では二〇一三（平成二十五）年に宮杉浩泰「昭和戦前期日本軍の対ソ情報活動」[5]が発表され、張鼓峯事件における日本陸軍の情報活動とその成果を取り上げている。

二〇一三年に刊行されたスチュアート・D・ゴールドマン『ノモンハン１９３９――第二次世界大戦の知られざる始点――』[6]は、張鼓峯事件を取り巻く当時の国際情勢に踏み込んで論述している点で興味深い。しかし、同書はタイトルどおりノモンハン事件を主に取り扱っているため、張鼓峯事件そのものを本格的に再検討したものではない。

二〇一四年に刊行された秦郁彦『明と暗のノモンハン戦史』[7]では、ノモンハン事件の事件前史として張鼓峯事件の概要がまとめられている。

――専門的研究――

一九六九（昭和四十四）年に防衛庁防衛研修所戦史室が編纂した『戦史叢書27　関東軍（1）　対ソ戦備・ノモンハン事件』[8]は、防衛研修所（当時）が所蔵していた日本側の一次史料をまとめ、さらにそれまでの日本の研究成果も反映させた日本の公刊戦史である。同書が刊行されたことにより、それまで存在した複数の一次史料が一つの成果としてまとめられ、その後の事件史研究は同書の成果を大きく享受することになる。しかしながら同書を以てしても、ソ連側の動向については日本の史料に基づく推測が多く、日ソ両国の視点は乏しい。

一九八三（昭和五十八）年に発表された中山隆志「張鼓峯事件の再検討――太平洋戦争に向かって――」[9]は、これまでの先行研究とは一線を画する画期的な論文である。同論文は張鼓峯事件そのものを再検討した初めての本格的な研究論文といえる。同論文では日本側の史料と当時の複数のソ連公刊戦史を使用し、支那事変の影響やソ連が停戦に応じた理由について新しい仮説を提示している。

その後、中山は一九九五（平成七）年にも「張鼓峰事件再考」[10]と題する論文を発表している。同論文もソ連側の資料集を使用しており注目すべき論考である。

一九九八（平成十）年にアルヴィン・D・クックス『もう一つのノモンハン　張鼓峯事件　1938年の日ソ紛争の考察』[11]が出版された。同書は一九七七（昭和五十二）年にアメリカで刊行されていた原書（英文）の翻訳本である[12]。残念ながら一九七七年当時はまだソ連側の史料を利用できる環境ではなかったため、同書もソ連側史料の使用は乏しい。しかしながら使用されている日本側の史料は膨大であり、その考察の緻密さゆえ、現在においても最も権威ある張鼓峯事件の研究書といえる。また当時の日本軍将校や外交官へのインタビューで得た貴重な情報を多数引用している点は、現在の研究者には達成し得ない偉大なる成果である。

二〇一三年、宮杉浩泰「張鼓峰事件における日本陸軍の情報活動[13]」が発表された。同論文はこれまでの一般的な戦史ではなく、日本側の史料や文献を駆使して、張鼓峯事件当時の日本陸軍の情報活動に着目した興味深い論考である。同論文により対ソ情報活動という張鼓峯事件の新たな一面が明らかにされた。

二　ソ連・ロシアの主要先行研究

一九六二年、ソ連でレオニド・クタコフ（Л. Н. Кутаков）の『ソ日外交関係史[14]』が出版された。同書は、日ソ関係の一つとして張鼓峯事件当時の外交交渉を概略的に取り上げており、張鼓峯事件については日本が明確な侵略の意図を有していたことを指摘している。

一九七六年、ソ連の公刊戦史である『ソ連軍事大辞典　第八巻[15]』が刊行された。張鼓峯事件については、日本の侵略に対するソ連軍の大勝利であったと評価している。しかしこの時代の出版物は、ソ連共産党のプロパガンダになっている可能性が高く検証が必要な文献である。

一九八五年にはアナトリー・コシキン（А. А. Кошкин）の『熱柿戦略の破綻――日ソ中立条約を破ったのは誰か[16]――』が日本語訳で出版されている。同書は一九二〇年代からソ連の対日参戦までの日ソ関係について取り上げており、張鼓峯事件についても頁を割いている。しかしソ連の研究者が執筆した文献ではあるが、張鼓峯事件に関する論述部分の参考文献は、すべて日本側の史料・文献が使用されており、ソ連側の史料を用いた新しい研究成果とはいい難い。

一九九九年、ボリス・スラヴィンスキー（Б. Н. Славинский）の『日ソ戦争への道――ノモンハンから千島占領まで[17]――』が出版された。ソ連崩壊後に出版された同書は、ロシア人研究者が日ソ両国の史料、文献を使用し、両国の視点から張鼓峯事件を考察した研究書である。最も注目すべき点は、ロシア人研究者が張鼓峯事件の発端をソ連国境警備兵の越境だと述べているところである。

二〇〇〇年を過ぎたころからソ連側史料が本格的に使用されるようになり、ロシアでも研究が進み始めた。

二〇〇三年にV・N・クゼレンコフ（В. Н. Кузеленков）編『ハサン地区での軍事紛争：60年目の見解[18]』という論文集が刊行され、二〇名を超える研究者の論文を収録した。

二〇〇五年にはN・I・レズニク（Н. И. Резник）編『国境で雲がどんよりと行く――ハサン湖事件65周年[19]――』という論文集が刊行された。同論文集も多数の執筆者の論文を収めている。

二〇一〇年にはソ連側の損害について明らかにしたG・F・クリヴォシェーエフ（Г. Ф. Кривошеев）の『ロシア・ソ連　損害の本[20]』が刊行された。タイトルのとおり、ソ連・ロシアが戦った紛争及び戦争の損害について詳細にまとめた研究書である。

二〇一三年には張鼓峯事件七五周年を記念してA・P・ヤコベーツ（А. П. Яковец）の『国境での勲功・ハサン湖での紛争75周年[21]』が刊行された。同書はこれまでの研究書には見られなかった多数の写真を掲載している。出版地もモスクワではなくハサン地区を管轄するウラジオストクであるため、住民との関わりについて新しい知見を開いている。

右に示した文献が張鼓峯事件に関するすべての先行研究ではないが、これらの主要諸研究によって、両国それぞれで張鼓峯事件の研究が行われてきたのである。

第二節　史　料

本書の執筆に当たり使用した主な史料は、次のとおりである。

① 日本側の一次史料
（ア） 防衛省防衛研究所戦史研究センター所蔵文書
（イ） アジア歴史資料センター公開文書
② 日本側の二次史料
（ア） 軍人の回顧録及び論文
（イ） 外交官の回顧録
③ ロシア側の一次史料
（ア） ロシア国立軍事公文書館（Российский государственный военный архив）所蔵文書
（イ） 沿海地方公文書館（Архив Приморского края）所蔵文書
④ ロシア側の二次史料
ソ連外交文書史料集　第21巻（*ДОКУМЕНТЫ ВНЕШНЕЙ ПОЛИТИКИ СССР.* T. 21）

①の（ア）は、日本側の一次史料として、これまでの日本の研究でも多く使用されてきた。日本軍が残した張鼓峯事

件の経緯や報告書が多数残っていることから、日本側の事件評価については同研究所所蔵の史料を用いた。

①の(イ)は、国立公文書館、外務省外交史料館、防衛省防衛研究所戦史研究センター所蔵文書を電子化したものである。一部、アジア歴史資料センターで公開されていることなどを理由に、原本の閲覧ができない史料があったため、本書では有効に利用した。

②の(ア)は、一九四一(昭和十六)年に発行された赤石澤邦彦『張鼓峰』[22]、一九五〇(昭和二十五)年に発行された辻政信『ノモンハン』[23]、一九五六(昭和三十一)年に発表された稲田正純「ソ連極東軍との対決――張鼓峰・ノモンハン事件の全貌秘録[24]――」、一九八一(昭和五十六)年に発行された冨永亀太郎『われら張鼓峰を死守す』[25]を使用した。

②の(イ)は、一九五二(昭和二十七)年の重光葵『昭和の動乱　上』[26]と一九七八(昭和五十三)年の『重光葵外交回想録』[27]を使用した。

③の(ア)は、ソ連軍が残した当時の事件経過や軍事行動の記録である。これらは現在ロシア側で行われている張鼓峯事件研究で使用されているが、日本側の研究ではほとんど使用されていないため、ソ連軍の活動については同公文書館の史料を用いた。

③の(イ)は、ウラジオストクにある公文書館である。同館には、保健部の文書や勲章授与の推薦書、党活動部会会議の議事録など多数の行政文書が所蔵されている。

④は、ソ連外務省が編纂した外交文書集である[28]。日本との交渉内容が詳細に記されているだけではなく、ソ連全権代表部(在外公館)へ宛てた電報なども収められている。

なお、その他の史料、参考文献等に関しては各章の註を参照されたい。

本書は、以上両国の主要な文献と史料を本格的に比較検討し、停滞している張鼓峯事件研究を前進させることを試みるものである。

註

（1）中村敏『満ソ国境紛争史』（改造社、一九三九年）。
（2）日本国際政治学会　太平洋戦争原因研究部『太平洋戦争への道　開戦外交史　4　日中戦争〈下〉』（朝日新聞社、一九六三年）。
（3）林三郎『関東軍と極東ソ連軍――ある対ソ情報参謀の覚書――』（芙蓉書房、一九七四年）。
（4）平井友義『スターリンの赤軍粛清――統帥部全滅の謎を追う――』（東洋書店、ユーラシアブックレット、二〇一二年）。
（5）宮杉浩泰「昭和戦前期日本軍の対ソ情報活動」（『軍事史学』第四十九巻第一号、二〇一三年）。
（6）スチュアート・D・ゴールドマン『ノモンハン１９３９――第二次世界大戦の知られざる始点――』山岡由美訳・麻田雅文解説（みすず書房、二〇一三年）。
（7）秦郁彦『明と暗のノモンハン戦史』（ＰＨＰ研究所、二〇一四年）。
（8）防衛庁防衛研修所戦史室『戦史叢書27　関東軍（1）　対ソ戦備・ノモンハン事件』（朝雲新聞社、一九六九年）。
（9）中山隆志「張鼓峯事件の再検討――太平洋戦争に向かって――」（『新防衛論集』第十一巻第二号、一九八三年）。
（10）中山隆志「張鼓峰事件再考」（『防衛大学校紀要』第七〇輯、一九九五年）。
（11）アルヴィン・D・クックス『もう一つのノモンハン　張鼓峯事件　１９３８年の日ソ紛争の考察』岩崎博一・岩崎俊夫訳（原書房、一九九八年）。
（12）原書は Coox, Alvin D., *The Anatomy of a Small War: the Soviet-Japanese Struggle for Changkufeng/Khasan,1938* (London: Praeger, 1977).
（13）宮杉浩泰「張鼓峯事件における日本陸軍の情報活動」（『Intelligence』第十三号、二〇一三年）。
（14）Кутаков Л. Н. *ИСТОРИЯ СОВЕТСКО-ЯПОНСКИХ ДИПЛОМАТИЧЕСКИХ ОТНОШЕНИЙ.* Москва. 1962.（筆者試訳）
（15）Гречко А. А. *СОВЕТСКАЯ ВОЕННАЯ ЭНЦИКЛОПЕДИЯ.* Т. 8. Москва. 1980.（筆者試訳）。
（16）アナトリー・コシキン著・にんげん社編『熟柿戦略の破綻――日ソ中立条約を破ったのは誰か――』（にんげん社、一九八五年）。
（17）ボリス・スラヴィンスキー『日ソ戦争への道――ノモンハンから千島占領まで――』加藤幸廣訳（共同通信社、一九九九年）。
（18）Кузеленков В. Н. *Военный конфликт в районе озера Хасан: взгляд через шесть десятилетий.* Москва. 2003.（筆者試訳）

(19) Резник Н. И. *На границе тучи ходят хмуро…* (*К 65-летию событий у озера Хасан*). Москва. 2005.（筆者試訳）

(20) Кривошеев Г. Ф. *Россия и СССР в войнах XX века. Книга потерь.* Москва. 2010.（筆者試訳）

(21) Яковец А. П. *ПОДВИГ НА ГРАНИЦЕ 75лет военному конфликту у озера Хасан 1938-2013.* Владивосток. 2013.（筆者試訳）

(22) 赤石澤邦彦『張鼓峰』（興亞書房、一九四一年）。

(23) 辻政信『ノモンハン』（亞東書房、一九五〇年）。

(24) 稲田正純「ソ連極東軍との対決――張鼓峰・ノモンハン事件の全貌秘録――」（『別冊　知性　秘められた昭和史』河出書房、一九五六年）。

(25) 冨永亀太郎『われら張鼓峯を死守す』（芙蓉書房、一九八一年）。

(26) 重光葵『昭和の動乱　上』（中央公論社、一九五二年）。

(27) 重光葵『重光葵外交回想録』（毎日新聞社、一九七八年）。

(28) КОМИССИЯ ПО ИЗДАНИЮ ДИПЛОМАТИЧЕСКИХ ДОКУМЕНТОВ ПРИ МИД СССР. *ДОКУМЕНТЫ ВНЕШНЕЙ ПОЛИТИКИ СССР.* Т. 21. Москва. 1977.

第一章　張鼓峯事件の従来の定説

張鼓峯事件がいかなる紛争だったのかについては、序章でも触れたように、既に複数の優れた先行研究でその全体像が明らかにされている。

特に『戦史叢書27　関東軍（1）』とクックス『もう一つのノモンハン　張鼓峯事件』は、日本側の一次史料を駆使した大著である。この二冊の研究書は、一般に使用できるほぼすべての一次史料と貴重なインタビューによって構成されており、日本側の定説はこの二冊によって築かれたといっても過言ではない。

本書はこの二冊を含む既存の先行研究にロシア側の史料・文献を加えて考察するものであるが、まず日本側の張鼓峯事件の定説を示すことにしたい。

本章で示す内容は、大部分を先行研究に依拠しているものであるが、可能な限り一次史料を当たり、必要に応じて補足修正したものである。

第一節　地誌と事実関係の説明

張鼓峯は東側にはソ連領土のハサン湖があり、西側には朝鮮を控えた豆満江が流れているという、湖と川の中間地

図１　ソ連領土から見た張鼓峯
「湖の向こう側」という名称どおりの景観であることがわかる。
出典：アレクサンドル・ヤコベーツ（Александр Пименович Яковец）提供。

点に位置した高地であり、周辺の高地群の中ではひと際高く、その標高は一四九mであった。

張鼓峯は、ロシア語ではザオジョルナヤ高地（высота Заозёрная）と呼ばれており、これは「湖の向こう側」という意味である（図1参照）。この湖がハサン湖を意味していることから、ロシアでは張鼓峯事件を「ハサン湖事件」と呼んでいる。さらに張鼓峯から北に約三kmの場所に沙草峯という高地がある。この高地はロシア語でベズミャンナヤ高地（высота Безымянная）と呼ばれ、意味は「名無しの高地」である。

これらの高地群が位置した場所は、ソ連と朝鮮の間に満洲国領土が舌状に細長く伸びていた場所であったため、ソ連と直接国境を接していたのは満洲国であった（図2参照）。しかし朝鮮の国境に近いこともあり、実際にこの地域に居住していたのは朝鮮人が多かったのである。

こうした事情から、この一帯の国境防衛は関東軍ではなく、年度訓令により朝鮮軍が担当していた[1]。そのため張鼓峯事件では、朝鮮軍第十九師団がソ連軍と戦ったのである。

事件の経過を明確にするため当時の日ソの中央及び現地の首脳と主な幕僚を示す。

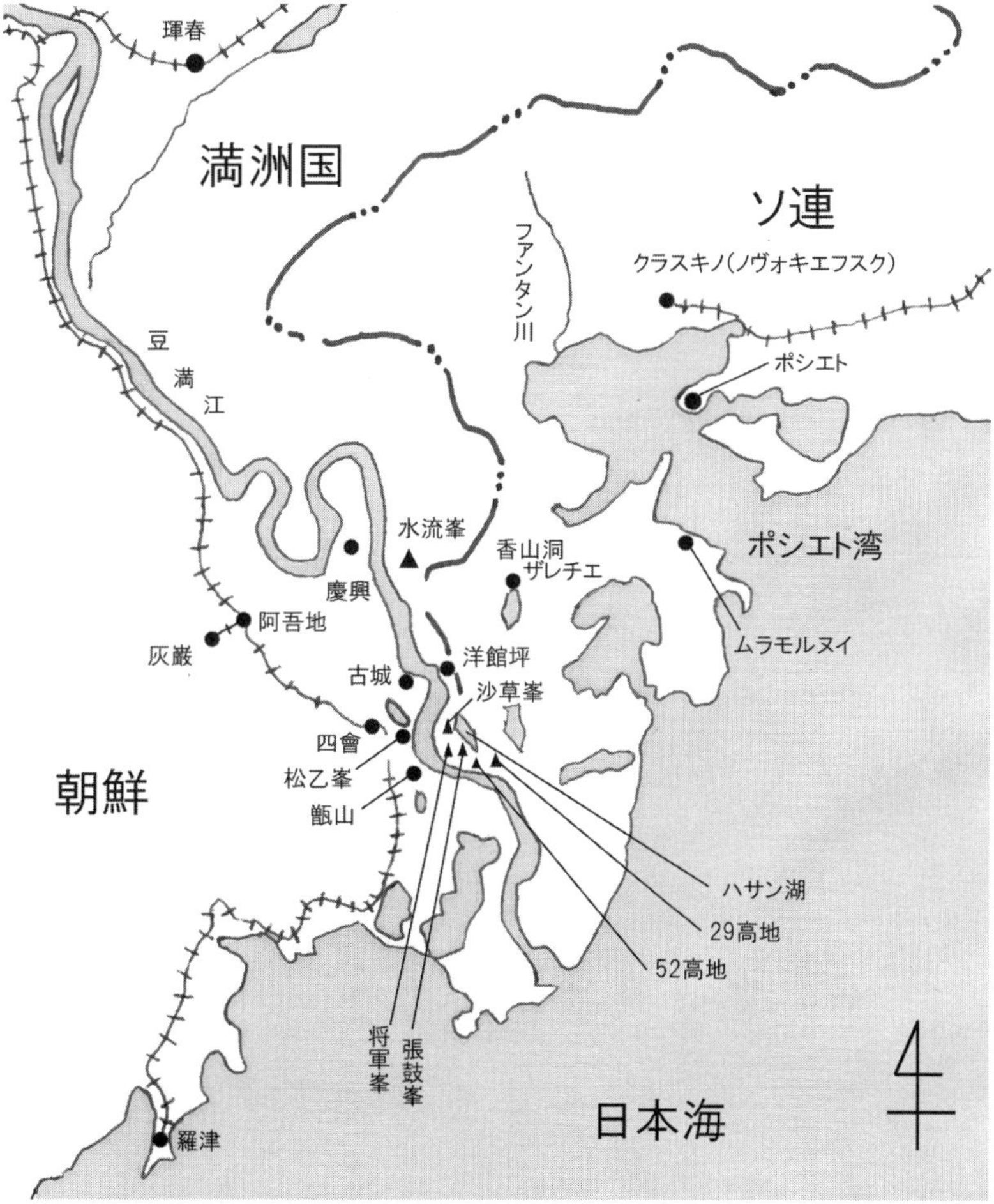

図２　張鼓峯を中心とした周辺国の配置

出典：アルヴィン・Ｄ・クックス『もう一つのノモンハン　張鼓峯事件　1938 年の日ソ紛争の考察』岩崎博一・岩崎俊夫訳（原書房、1998 年）5 頁の地図 1 を基に筆者作成。

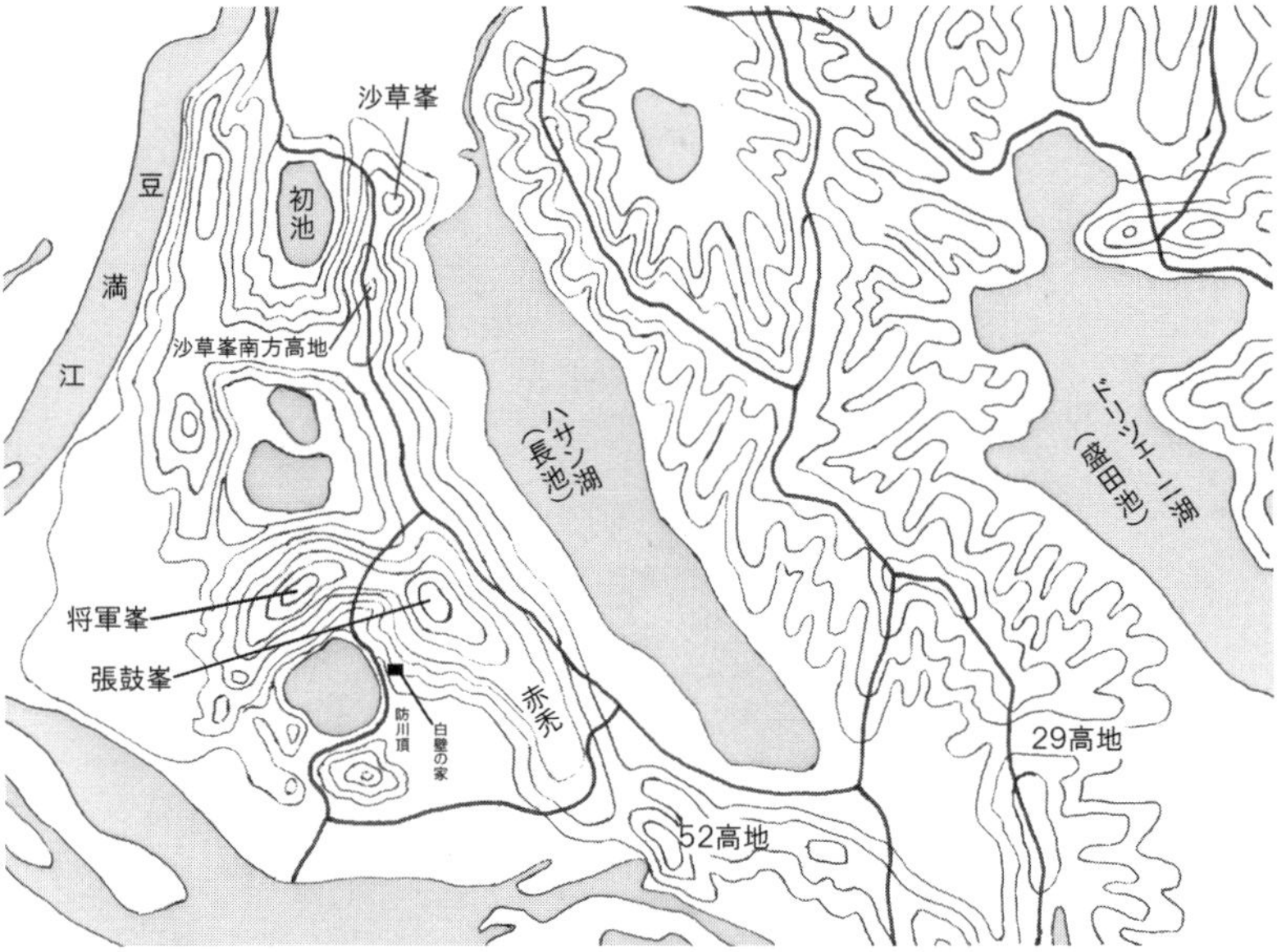

図３　張鼓峯周辺の地形図
出典：参謀本部『支那事変史特号　張皷峯事件史草案附図』（1939年）附図第二十四、二十五を基に筆者作成。

日本　（　）内は陸軍士官学校の期を表している。

陸軍省
陸軍大臣　中将　板垣征四郎（十六期）
陸軍次官　中将　東條英機（十七期）
軍務局長　少将　中村明人（二十二期）
軍事課長　大佐　田中新一（二十五期）
軍務課長　大佐　影佐禎昭（二十六期）

参謀本部
参謀総長　元帥　閑院宮《かんいんのみや》載仁《ことひと》親王《しんのう》
参謀次長　中将　多田　駿（十五期）
第一部長　少将　橋本　群（二十期）
第二課長　大佐　稲田正純（二十九期）
第二部長　少将　樋口季一郎（二十一期）
第五課長　大佐　川俣雄人（二十八期）

朝鮮軍
軍司令官　大将　小磯國昭（十二期）
　　　　　中将　中村孝太郎（十三期）（七月十五日軍司令官交代）

参　謀　長　少将　北野憲造（二十二期）

第十九師団

師　団　長　中将　尾高《すえたか》亀蔵（十六期）

参　謀　長　大佐　中村美明《よしあき》（二十五期）[2]

ソ連　階級名は事件当時の呼称である。（　）内は現在の階級名に変換した呼称。

国防人民委員部

国防人民委員　元帥　クリメント・ヴォロシーロフ（Климент Ефремович Ворошилов）

極東方面軍

司令官　元帥　ヴァシリー・ブリュヘル（Василий Константинович Блюхер）

空軍司令官（司令官代理）　旅団長（准将）　パーベル・リチャゴフ（Павел Васильевич Рычагов）

参謀長　軍団長（中将）　グリゴリー・シュテルン（Григорий Михайлович Штерн）

第一沿海軍　旅団長（准将）　クズマ・ポドラス（Кузьма Петрович Подлас）

第三九狙撃軍団　軍団長（中将）　グリゴリー・シュテルン　八月三日から極東方面軍参謀長と兼任

第四〇狙撃師団　大佐　ウラジーミル・バザロフ（Владимир Кузьмич Базаров）

第三二狙撃師団　大佐　ニコライ・ベルザーリン（Николай Эрастович Берзарин）

第二機械化旅団　大佐　アレクセイ・パンフィーロフ（Алексей Павлович Панфилов）

内務人民委員部

図４　ソ連側主要人物
上段：左からヴォロシーロフ、ブリュヘル、リチャゴフ
中段：左からシュテルン、ポドラス、ベルザーリン
下段：左からパンフィーロフ、グレベンニク

出典：ブリュヘル、シュテルン、グレベンニク；アレクサンドル・ヤコベーツ提供。
リチャゴフポドラス、ベルザーリン、パンフィーロフ；Яковец А. П. *ПОДВИГ НА ГРАНИЦЕ 75лет военному конфликту у озера Хасан 1938-2013.* Владивосток. 2013. С. 86, 87.
ヴォロシーロフ；Мещеряков Н. М. *Малая Советская Энциклопедия.* Т. 2. Москва. 1939. Между колонками 820-821.

表 1　日本軍主要参戦部隊

司令部・部隊		長		編成
		階級	氏名	
第 19 師団司令部	師団長	中将	尾高　亀蔵	師団長 1 名、参謀長 1 名、参謀 4 名、副官 3 名、その他将校 29 名、下士官・兵 121 名。計 159 名。
	参謀長	大佐	中村　美明	
第 37 旅団司令部		少将	森本　伸樹	旅団長 1 名、副官 2 名、その他 27 名。計 30 名。
歩兵第 73 連隊		大佐	佐藤　為徳	本部、3 個大隊、歩兵砲中隊、速射砲中隊。計 1,234 名。
歩兵第 74 連隊		大佐	長　　勇	編成は歩兵第 73 連隊に同じ。計 1,471 名。
第 38 旅団司令部		少将	大野　宣明	編成は第 37 旅団司令部に概ね同じ。
歩兵第 75 連隊		大佐	佐藤　幸徳	編成は歩兵第 73 連隊に同じ。計 1,507 名。
歩兵第 76 連隊		大佐	大城戸三治	歩兵第 75 連隊に概ね同じ。
歩兵第 76 連隊国境守備隊*		中佐	千田　貞季	本部、2 個中隊、臨時小隊。計 292 名。
騎兵第 27 連隊第 2 中隊		大尉	上杉　　清	3 個小隊。計 84 名。
山砲兵第 25 連隊		大佐	田中　隆吉	本部、3 個大隊。計 609 名。
工兵第 19 連隊		中佐	小林　茂吉	本部、2 個中隊、器材小隊。計 233 名。
野戦重砲兵第 15 連隊		中佐	鈴木　　正	本部、観測班、2 個中隊、計 213 名。
高射砲第 5 連隊		中佐	平向九十九	本部、2 個中隊、1 個小隊。計 199 名。
師団通信隊		中佐	高松　久記	本部、2 個有線小隊、1 個無線小隊。計 108 名。
第 2 装甲列車隊		中佐	森田　捨三	指揮班、10 加高、10 加低、7 高、各小隊、その他。計 202 名。
臨時衛生隊		少佐	森川梅太郎	本部、擔架小隊、輸送班。計 115 名。
独立混成第一旅団砲兵隊		中佐	中島　健三	本部、2 個中隊、段列。計 449 名。
独立重砲兵中隊		大尉	佐々木吉雄	指揮班、観測小隊、戦砲隊、段列。計 145 名。
留守第 20 師団高射砲隊		中尉	田邊　治郎	観測隊、戦砲隊。計 45 名。
臨時自動車中隊		大尉	岩野八千雄	指揮班、修理班、2 個小隊(約 40 名)。計 99 名。
臨時軽装甲車隊		大尉	鳥巣　憲俊	指揮班、1 個小隊、段列、計 36 名。

出典：参謀本部『支那事変史特号　張鼓峯事件史草案』附表第二其ノ一、其ノ二を基に筆者作成。

* 第 76 連隊固有の定員に対し歩兵 2 個中隊分を増加し編成された部隊。なお、戦死戦傷による人員交代の詳細は不明のため反映していない。

内務人民委員　ニコライ・エジョフ(Николай Иванович Ежов)
副内務人民委員　ミハイル・フリノフスキー(Михаил Петрович Фриновский)
第五九国境警備隊長　大佐　クズマ・グレベンニク(Кузьма Евдокимович Гребенник)(3)

第二節　武力衝突まで

当時の日本は、張鼓峯周辺に三つの国境線解釈を有しており、一帯を国境不明確と認識していた。このため、この地区の防衛任務を与えられていた朝鮮軍司令官の小磯國昭大将は、一九三六年三月に国境不明の地域には配兵しない方針を取っていた(4)。一方、ソ連の国境線認識は、張鼓峯と沙草峯の頂上部を通るように引かれた線（高地群の稜線）であったが、当時はソ連軍も兵力を配置していなかった(5)。このように両国が兵力を配置しなかったことで、張鼓峯一帯は国境不明確にもかかわらず均衡が保たれていた。

ところが一九三八年六月十三日、この均衡を破る出来事が起きた。粛清を恐れたソ連内務人民委員部極東局長ゲンリフ・リュシコフ(Генрих Самойлович Люшков)が、満洲国琿春県の長嶺子を越えて日本軍に投降し、亡命を求めたのである。このいわゆるリュシコフ事件で両国の緊張は一気に高まった。

極東局長の亡命という出来事が、同じく内務人民委員部の所管下であり、国境警備を担っていたソ連国境警備隊にとって、いかに深刻な事態であったかは想像に難くない。

直後にこの地区を警備していた第五九国境警備隊の指揮官は更迭され、新たにクズマ・グレベンニク大佐が国境警備隊長に任命された。そして七月六日、グレベンニク隊長がハバロフスクの国境警備隊司令官に宛てて、日本軍に先

んじて張鼓峯を含む国境線上の高地を占領することを意見具申したといわれている。(6)

当時情報活動を行っていた関東軍は、この情報を得て翌七月七日には朝鮮軍琿春駐屯隊琿春特務機関と大本営に電報にてその内容を通報している。

その二日後、事態はさらに大きく動くことになる。七月九日、第十九師団歩兵第七六連隊の古城国境守備隊が、張鼓峯の頂上部に十数名のソ連国境警備兵が現れたのを確認した。七月十一日には約四〇名のソ連国境警備兵が現れて陣地構築に着手し、ハサン湖には三隻の小船が浮かび、輸送に従事する姿が確認された。(7)

この件につき、朝鮮軍の小磯軍司令官は第十九師団からの報告に接したが、直ちに反撃的措置には出ずにまずは外交交渉を試し、それが失敗した場合は断固とした措置に移るという静観姿勢を取った。(8)

ソ連側の一連の動きを受け、参謀本部は陸軍省と協議し「張鼓峯事件処理要綱」を取り決め、七月十四日には朝鮮軍と関東軍に通達した。同時に外務省にもソ連側に越境行為について抗議するよう要請を行った。(9)

同要綱では外交交渉を優先する一方、交渉が決裂し事態が悪化した場合に備え、朝鮮軍第十九師団隷下部隊を張鼓峯の正面に集中することを定めていた。ただし実際の実力行使については、中央の指令によることも明記されていた。

七月十五日、現地では二つの大きな変化があった。一つは人事異動により朝鮮軍司令官が小磯國昭大将から中村孝太郎中将に代わったことである。これは一連の事態とは関係なく、以前から予定されていた定期人事異動であった。(10)

もう一つは、五二高地西南麓の警備に当たっていた日本軍の憲兵三名が、ソ連側から射撃を受け、松島朔二憲兵伍長が殺害されたことである。(11)

またモスクワでも動きがあり、西春彦在ソ連日本国代理大使とソ連のボリス・ストモニャコフ（Борис Спиридонович Стомоняков）外務人民委員代理（以下、次官）との外交交渉が開始された。同日は時間をあけて二回交渉が行われたが、両者共張鼓峯は自国領土だと主張して譲らず、結局決着は付かなかった(12)。

七月十六日の夕刻、大本営は中村軍司令官に対して、ソ連兵の不法越境に応じて隷下部隊を国境近くに集中するよう命令を下達した。これを受け中村軍司令官は朝作命第二四号により、第十九師団の尾高亀蔵師団長に歩兵約四個大隊、山砲兵約二個大隊、重砲兵一個大隊、高射砲連隊の一部、工兵部隊の主力を応急対応できるよう待機させることを命じた。この命令を受けた尾高師団長は、七月十七日に歩兵第三八旅団司令部、歩兵第七五連隊、歩兵第七六連隊の一個大隊と歩兵砲隊及び臨時衛生班、騎兵第二七連隊、山砲兵第二五連隊、野戦重砲兵第十五連隊、高射砲第五連隊、工兵第十九連隊、師団軽装甲車訓練所及び同自動車教習所、師団通信隊を応急出動部隊として待機させた(13)。

七月十七日午後六時、朝鮮軍は第十九師団に夜間を利用しこれら待機中の師団諸隊を七月十八日中（夜も含めて十九日の明け方まで）に四會《しかい》、慶興《けいこう》、阿吾地《あごち》間の地区に集結させるよう命じ、諸隊は十九日の朝までには所命の地に集中した。一方、優先されていた外交交渉は日本の思いどおりには進捗せず、外務省の強気な姿勢に反して、大本営は七月十七日ごろには平和的解決の望みが薄いことを感じ始めていた(14)。

こうした中、第十九師団の応急出動部隊の集結が完了したこともあり、実際の攻撃は天皇の裁可を得るだけの状態となった。七月十九日、天皇の裁可を見越した稲田正純大佐が、荒尾興功《おきかつ》参謀に武力行使の大命案の「写」を携行させて、第十九師団長のもとに急派するなど、いよいよ武力行使への機運が高まっていた。第十九師団としても偵察部隊の報告から、武力行使は七月二十日または二十一日の夜襲を想定していた(15)。

七月二十日、板垣征四郎陸相が依然として外交交渉へ望みをかける宇垣一成外相や米内光政海相の了解を取り付ける前に、あたかもこの二人を含めた五大臣全員が武力行使に賛成しているかのように天皇に上奏した。しかし天皇は事前に宇垣外相からの上奏に接しており、この時点で二大臣が承認したのは軍の展開であって武力行使ではないことを承知済みだったため、天皇は板垣陸相の嘘を見抜き「元来陸軍のやり方はけしからん。（中略）朕の軍隊としてはあるまじきような卑劣な方法を用いるようなこともしばしばある。まことにけしからん話であると思う。」と厳しい口調で叱りつけ、「今後は朕の命令なくして一兵だも動かすことはならん」と語気を強めた。(16) 裁可を得られると思い込んでいた板垣陸相は恐懼し、武力行使どころではなくなったのである。

一方、武力行使の大命を待っていた第十九師団の現地部隊の士気は高まるばかりであった。七月二十日の夕刻になっても大命が到着しない状況を見て、中村軍司令官は参謀総長及び陸軍大臣に対し、ソ連国境警備隊の陣地が刻々と強化されており外交交渉の見通しがつかない以上、早期に攻撃を行うことが必要であるという電報（電第九八五号）を出すに至った。(17)

だが七月二十一日、大命を待ち受けていた現地部隊に届けられたのは、大陸指第二〇四号であった。その内容は

一　満鮮国境に集中せる部隊の行動、特に偵察及戦闘準備等は慎重を期し厳に紛争の惹起を防止すべし
二　満「ソ」国境に近く配置せる従来の警備部隊の行動に付いても亦故《ことさ》らに「ソ」軍を刺戟することなきを要す(18)

というものであった。武力行使はおろかソ連軍（国境警備隊）を刺激することにすら慎重になれという、現地部隊にとっては驚くべき内容であった。さらに同日、参謀総長から中村軍司令官宛てに電第九八五号の返答（参電第二二〇号）があった。返答は、

（前略）中央に於ては実力行使の時機等に関する研究を続けられたる処　内外諸般の情勢は慎重を期すべきものあ

るに依り差当り二十日夜大陸指第二〇四号を示達せられたる次第にして貴意見具申は採用せられず　右依命[19]

というものであった。

稲田大佐が後に語ったところによると、中央からきたこの〝差当り〟という言葉は、「いずれ武力行使の運びとなるはずであるが当面一時的には……」の意味ではなく、「近く兵力を撤収するが、それまで差し当たって……」という意味だったようである。[20]

中央としては、これらの電報を以て現地部隊に武力行使の中止を察して欲しいところではあったが、はっきりと中止を明言しなかったため、現地部隊は引き続き攻撃の準備を進めていた。このことを知った中央は、こうした状況が不測の事態を招くことを恐れ、七月二十六日に国境警備に必要な一部を除いて出動部隊を撤収させることを決心し朝鮮軍に指示を出した。これを受け、七月二十七日午前十時、中村軍司令官は出動部隊の主力を速やかに原駐地に帰還させる命令（朝作令第二七号）を下達し、これに基づき尾高師団長も七月二十八日午前七時、出動部隊に対し同日夜から撤収を開始することを命じた。[21]

尾高師団長は、部隊の帰還に伴う輸送を見届けるため最後まで慶興に残ることにした。[22]

こうしてこの小さな越境事件は、日本軍が現地部隊の主力を撤収することで、事件ともならずに幕を閉じるはずだったのである。

第三節　沙草峯事件

現地部隊の主力が帰還を行っている最中の七月二十九日午前九時三十分ごろ、第七六連隊国境守備隊の第二中隊長神田泰雄大尉が、沙草峯南方高地にソ連国境警備兵（七月二十九日からはソ連軍が関与を開始。以下、ソ連国境警備兵とソ連兵を区別する）数名が進出し、工事を開始したことを確認した。(23) この報を受けた国境守備隊長の千田貞季《さだすえ》中佐は、自らの目で確かめるため神田大尉を伴い古城からすぐに豆満江を越え、野口重義大尉がいる将軍峯へと赴いた。

将軍峯に到着した千田隊長が目にした光景は、たとえソ連側の主張に基づいたとしてもソ連国境警備兵が少なくとも三五〇m越境して工事を行っている姿であった。千田隊長は目の前の事態に対して、国境守備隊の本来任務として速やかにソ連国境警備兵を駆逐するべきだと決し、慶興に残っていた尾高師団長に電話で意見具申した。この時、通話が不明瞭で尾高師団長は事態の詳細を知ることができなかったが、約三〇分の熟考を経て千田隊長の決心に同意したのである。ただし、紛争を避けるためソ連国境警備兵を駆逐した後は、速やかに後方に集結することを伝えていた。(24)

報告を受けた尾高師団長は、慶興で撤収中の部隊から第七六連隊の歩兵一個大隊と歩兵砲隊を神田隊に増援することを決め、その時点で慶興に残留していた部隊の原駐地帰還を取りやめ前方に推進することにした。さらに既に羅南に帰還していた師団司令部と山砲兵第二五連隊主力を鉄道にて再び招致し、今後の事態に備えることにしたのである。

紛争拡大を惹起させない一定の配慮があったとはいえ、師団長の同意を得ることができた千田隊長は、神田大尉に速やかに一個小隊を以て沙草峯南方高地のソ連国境警備兵を攻撃することを命じ、野口大尉には同じく一個小隊を以て張鼓峯と沙草峯南方高地との中間にある高地を占領し、神田部隊を支援するよう命じた。(25)

このように七月九日の張鼓峯と七月二十九日の沙草峯地区への敵の進出を別件として切り離し、ソ連国境警備兵への攻撃を決定したことにより、事態はいよいよ武力衝突へと突き進んでいくことになる。

七月二十九日午後一時三十分、神田大尉が事前に呼び寄せていた佐久間正俊少尉率いる小隊（二五名）が、指定された初池西側高地に到着した。神田隊もほぼ同時刻に同高地に到着したため、佐久間隊を掌握し午後二時二十分、敵に向かって前進を開始した。神田大尉は、敵の射撃を受けない限り絶対に発砲はせず、また敵を駆逐した後は速やかに後退することを命じた。

神田隊は前進中に敵の射撃を受けたが、最初は応射せず一斉に谷地に降りて前進を続行した。しかしついに負傷者が出るに至ったため応戦を開始した。[26] こうして張鼓峯事件は日ソ両現地部隊が銃火を交わす事態へと発展したのである。

佐久間少尉は小隊の三個分隊を的確に指揮し、敵の背後三〇ｍの距離まで接近するに至った。神田大尉が指揮する部隊も敵から五〇ｍの距離まで接近しており、敵の射撃が途絶えたのを見逃さず突撃を実施した。この時、神田大尉自身もソ連国境警備兵一名を斬り伏せた。

佐久間少尉は敵に顔面を突き刺され、肩を負傷しながらも格闘し、敵二名を刺殺する活躍を見せた。他の敵は射殺し、午後三時十分沙草峯地区を越境したソ連国境警備兵八名は駆逐されたのである。

一方、野口隊においては宮下清人曹長率いる小隊が活躍した。宮下小隊の第三分隊は張鼓峯へ、第一分隊は沙草峯南方高地へ前進しソ連国境警備隊と衝突した。ソ連国境警備隊は張鼓峯及びハサン湖東側から激しい銃撃を浴びせたが、宮下小隊は神田隊が突撃を敢行した際に逃げ出したソ連国境警備兵をしっかりと確認し一名を射殺した。[27]

千田中佐は、宮下小隊と共に将軍峯を出発したが、途中で神田隊の方へ向かい神田隊に対して国境線外へ追撃することを禁じた。不要な衝突を避けるため午後四時三十分ごろには千田中佐は両隊を指揮して、沙草峯西南八〇〇ｍの高地線まで撤退し付近の確保を行った。

一度は退却したソ連国境警備隊だったが、午後五時ごろになると日本軍と入れ替わるように第一線だけでも八〇名からなるソ連軍部隊が前進してきて、沙草峯南方高地を攻撃、遂に国境線を五〇〇m越えて陣地構築を始めたのである。その後方には数両の戦車と多数の部隊が続いていた。

千田中佐はこのソ連軍の動きを受けて、野口隊（宮下小隊復帰）を以て将軍峯を占領し、神田隊を以て初池西側の高地を占領することを命じた。さらに、尾高師団長から応急派兵された第七六連隊第一大隊の今川中隊が初池西側高地を占領した。千田中佐はこれらの状況を慶興の尾高師団長に報告し、増援を要請した。

この少し前の午後四時、師団は灰巖で帰還準備を行っていた歩兵第七五連隊長佐藤幸徳大佐に、同日の交戦及び現在の状況について連絡を入れた。佐藤連隊長は、直ちに五二高地の獲得が有利に働くと考え意見具申した。この具申は認められ、佐藤連隊長は平原静雄少佐の第三大隊を古城に前進させ、他は阿吾地に集結させ、自らも阿吾地へ急行した。(28)

尾高師団長は午後六時二十分、佐藤連隊長に対して指揮下の第一大隊と第三大隊に重砲

図５　７月29日、日本軍との最初の戦いに参加したソ連国境警備兵
出典：アレクサンドル・ヤコベーツ提供。

兵第十五連隊第二中隊を加え、速やかに古城に集結し張鼓峯付近に対する攻撃に備えるよう命令を下達した。同命令の中で、師団長は千田部隊が新来の敵と交戦中と述べており、現地ではソ連軍の前進が逐次進行していたことが窺える(29)。

こうした動きの中で、偶然ではあるが羅南で森本伸樹少将（第三七旅団長）が大城戸三治大佐（歩兵第七六連隊長）と田中隆吉大佐（山砲兵第二五連隊長）を訪れる機会があった。この時三名は、対ソ戦は行うべきではないとする共通認識を確認したとされる(30)。

しかし、既に尾高師団長はこの〝天与の好機〟を逃すつもりはなく、佐藤大佐率いる第七五連隊を以て越境ソ連軍に一撃を加えることを決意していた。

その決意の表れかどうか不明であるが、七月二十九日のソ連国境警備兵の越境とソ連軍の前進及びその後の交戦については、午後五時三十分まで第十九師団から朝鮮軍司令部に連絡を入れた記録がない。これは、翌日の「独断攻撃」への伏線だったのかもしれない(31)。

七月二十九日午後九時二十分、尾高師団長は第十九師団の幕僚を通じて、中村軍司令官に報告を行った。この時「本事件は全く敵不法挑戦に依るものにして我が方に於ては張鼓峰事件とは全然性質を異にし別個に処置すべきものと確信す(32)」と、この日の出来事を独立した事件とする認識を明確にした。中村軍司令官はこの報告を受け、第十九師団の行動を認めたが、ソ連軍を満洲国領土から追い出せばそれ以上事件を拡大しない方針を決め、その指導のため北野憲造参謀長を派遣することにした(33)。

日付が変わった七月三十日午前一時二十五分、中村司令官は参謀総長、陸軍大臣、関東軍司令官に宛てて、尾高師団長の〝別個処理〟について自身も賛同しているが、不必要に事件を波及させないよう指導する旨通報している(34)。このため尾高師団長に対しては、「敵の攻撃を受けざる限り実力行使は別命に依る」[35]との命令を出している。

こうした命令が出されていた中、尾高師団長は午後四時過ぎに第一線の状況を確認するため、古城より発動機艇に乗り込み、松乙峯《まつおつほう》の船着き場で降り将軍峯へと向かった。この時既に将軍峯には歩兵第七五連隊がおり、尾高師団長は佐藤連隊長と会った。佐藤連隊長からの報告は、「当面の敵は続々兵力を増加し行動活発なり。敵の計画的挑戦企図明らかにして情勢甚だ逼迫しあり。同大佐（引用者註―佐藤連隊長）は機先痛撃を加える為、既に十五時三十分命令を下達せる」というものであった[36]。

この佐藤連隊長の命令というのが、七月三十一日午前二時からの沙草峯地区と張鼓峯への夜襲であった。なぜ作戦に〝別個処理〟となった張鼓峯が含まれたかというと、沙草峯地区に進出したソ連兵を追い払うためには、戦術上どうしても制高の利を占めている張鼓峯のソ連兵（国境警備兵を含む）を攻撃しなければならないという事情があったからである。

佐藤連隊長から報告を受けた尾高師団長は、事の重大性から責任の所在を明らかにするため、持ち合わせた名刺に、

一　千田中佐ノ報告ニ依レハ　沙草峯西南越境敵陣地ノ後方ニハ十乃至十一台ノ戦車ノ外歩兵七、八十名アリテ本朝来頗ル活気ヲ呈シアルカ如シ

二　貴官ハ苟《いやし》クモ敵ノ進攻ヲ察知セハ断乎トシテ徹底的ノ反撃ヲ加フヘシ

とソ連軍への反撃を許可する独断命令を自筆し、自身の責任を明確にした後、慶興の師団司令部へと引き返した[37]。

七月三十日は夕方から沙草峯南方地区に戦車数両を随伴したソ連軍の歩兵部隊が展開し、攻撃準備を行っていたよ

うであり、戦車の機関音が張鼓峯方面でも聞こえる状況であった。これらは夜になると静かになったが、佐藤連隊長はそれまでの一連の動きからして、翌日以降は明らかにソ連軍が積極的行動に出ると判断し、七月三十日の深夜、(三十一日)午前二時ごろから予定通り攻撃行動に移った。この日の合言葉は、第七五連隊の訓練標語でもあった「正直」と「勇猛」が用いられた(38)。

張鼓峯では歩兵第七五連隊の中野藤七少佐率いる第一大隊が、あらかじめ破壊しておいたソ連軍の第一線鉄条網に対し攻撃前進した。ソ連軍は照明弾を使用し、軽重火器による猛烈な射撃によって抵抗を試みたが、日本軍は一気に肉薄突撃し、最後は銃剣により激闘を制し、午前五時十五分ごろ張鼓峯の頂上部を獲得した。沙草峯地区では竹ノ内繁男少佐率いる歩兵第七六連隊第一大隊が敵に対して突撃し、午前六時に沙草峯の敵陣地を占領した(39)。

日本軍の夜襲は天候も味方した。日本軍が張鼓峯の頂上を占領したころから一帯には濃霧が立ち込め始め、雨も沛然となったため午前五時三十分ごろソ連軍は砲撃を中止した(40)。こうした天候の助けもあり、日本軍は両高地の奪回に成功したのである。

この尾高師団長の独断で行われた夜襲について、朝鮮軍の中村軍司令官は占領した高地は確保しながらも事態の不拡大に努めるよう命じた。大本営も同様に不拡大方針を堅持し、問題の解決を再び外交に移すことにした(41)。また参謀次長の多田駿中将は、事の経緯を天皇へ上奏した。一度は裁可を得られなかった張鼓峯への攻撃を、現場の独断で行ったという事態にどのような反応をされるか案じられたが、この時多田中将が、夜襲はソ連側の越境に対する日本の自衛的戦闘であり、日本軍はソ連領内に進出しなかったことなどを説明したことから、天皇は朝鮮軍の対応について「起きたことは起きたことでやむを得ぬ。部隊がそこで踏み留まったのは結構である。第一線の将兵に対し、幾多の困難があろうとも一歩たりとも国境線を越えてはならぬという朕が意図を伝えよ。しかしながら確保した国境線は放棄してはならぬ[42]」と一定の理解を示し、受け入れた。

この多田参謀次長の上奏の次第は第十九師団に伝わり、尾高師団長は居合わせた参謀共々落涙し、互いに一死を以て聖恩に報いるべきことを固く心に誓い合ったとされる[43]。

以上のように、尾高師団長が七月九日のソ連国境警備兵の張鼓峯への進出と、七月二十九日のソ連国境警備兵の沙草峯地区への進出を切り離し、独断による武力行使によって両高地を奪回するまでの過程を沙草峯事件という。

第四節　ソ連軍奪回攻撃から停戦まで

日本軍が、沙草峯事件で沙草峯だけではなく張鼓峯も獲得したことにより、日ソ両軍はいよいよ張鼓峯をめぐる武力衝突へと突入することになる。

七月三十日深夜に行われた日本軍の夜襲により、ソ連軍は主力以外を一時撤退させたが、八月一日からは国境線奪回攻撃を開始した。いわゆる「第一次奪回攻撃」である。

八月一日午前九時ごろからソ連軍は張鼓峯及び沙草峯に砲撃を開始した。しかしその射法は「滅茶苦茶」であり、ほとんどが将軍峯西側の池に着弾し、日本軍に損害はなかった[44]。ソ連軍はこの日から飛行機を投入し始め、同日は一三〇～一五〇機が確認された[45]。日本軍の上空には正午過ぎに姿を現したが、爆撃時の高度が高過ぎて、やはり効果のある爆撃や対地射撃を行うことはできなかった。一方の日本軍の対空射撃も精度が高いとはいえず、敵機は高度を六〇〇～五〇〇〇mまで下げることができた。そこで日本軍も乱射をやめ敵機を十分に引き寄せて対空射撃を行うことにし、午後四時三十分遂に一機撃墜することに成功した[46]（図６）。

図6　8月1日に撃墜されたソ連軍機
出典：参謀本部『支那事変史特号
張皷峯事件史草案』（1939年）
78頁。

その後、ソ連軍が夕刻までに戦車、砲兵を有する約三千の兵力を香山洞《コウサンドウ》（張鼓峯北東一二km）付近に集結しつつあることが判明した(47)。

佐藤連隊長は夜明けからのソ連軍の攻撃を顧慮し、第三大隊の平原少佐に命じ、竹下俊平大尉率いる第十中隊を五二高地に派遣させた。そして五二高地における全般の指揮を竹下大尉に執らせることにし、第一中隊第一機関銃小隊も竹下大尉の指揮下に入れ防備を強化した(48)。

八月二日は五二高地を焦点とする戦闘が繰り広げられた。午前八時ごろからソ連軍は五二高地への砲撃を強め、敵情監視さえ困難になる程であった。午前九時ごろからは飛行機による銃爆撃も行われ、同時に歩兵二個大隊前後が前進してきた(49)。

張鼓峯よりこの状況を見ていた平原少佐は、大隊砲配属工兵を率いて第六中隊、第九中隊及び第三機関銃中隊を集結させていた張鼓峯東南方八〇〇mにある高地に赴き、自ら指揮を執り五二高地北側地区へと前進した。また、第一大隊長代理の稲垣毅治中尉は連隊本部との電話連絡が不通だったため、独断で第一機関銃及び大隊砲両隊の主力を率いて五二高地へと向かった(50)。

これら五二高地の増強が功を奏し、この日行われたソ連軍の三度にわたる攻撃前進はすべて撃退することができた。ただし敵の一部は日本軍の陣地から三〇〇～四〇〇mの位置に停止し工事を実施するに至った(51)。

張鼓峯に対するソ連軍の攻撃は、日中は五二高地とほぼ同時刻に行われた砲撃のみで近接攻撃などはなかった。そのため張鼓峯では、五二高地へ前進を試みるソ連軍に対して連隊砲と高射砲で猛火を浴びせることに集中した。しかし前述のとおり平原少佐が大隊主力を率いて五二高地へ向かったため、張鼓峯には第九中隊の小隊長率いる二個分隊しか残っていなかった。

張鼓峯が手薄になっていた午後八時三十分、沙草峯方面よりソ連軍一個大隊が張鼓峯へ前進中との報告が入り、佐藤連隊長は五二高地の第一大隊から主力を抽出し、張鼓峯へと向かわせることを命じた。諸隊は午後九時に五二高地を出発したが、張鼓峯では午後十時には既にソ連軍の斥候攻撃を受けるに至った。張鼓峯の二個分隊は奮起し手榴弾でこれを撃退した(52)。

図７　竹ノ内部隊が破壊したソ連軍戦車
出典：参謀本部『支那事変史特号　張皷峯事件史草案』60 頁。

沙草峯に対してもソ連軍の砲撃や爆撃が行われた。歩兵一個大隊が戦車を伴い沙草峯北方から前進し、朝から日没まで攻撃を仕掛けてきたが、竹ノ内部隊が逐次これを撃退した(53)。

またこの日は、関東軍からソ連軍情報の収集と朝鮮軍への連絡及び諜報宣伝に協力するため、川目太郎中佐を長とする二六名の川目班が派遣されてきた(54)。

八月三日、ソ連軍は前日五二高地に対して行った三度の前進をすべて日本軍に撃退されたため混乱状態にあったが、朝までに態勢を整えて再び五二高地へ前進してきた。これに対し日本軍が沙草峯及び張鼓峯から猛烈な砲射撃を加えたことによりソ連軍は午前十一時ごろから退却を始め、午後三時には一斉に二九高地まで後退した(55)。

張鼓峯もソ連軍の砲爆撃を受けたが、歩兵の攻撃はなかった。前日同様、五二高地へと前進するソ連軍に対しては、張鼓峯からの砲射撃が最も有効であった。

沙草峯では空中からの射撃に加え、敵歩兵部隊の接近を受けた。しかし逐次竹ノ内部隊が銃砲火を浴びせ敵の前進を阻み、午後三時三十分ごろには敵が撤退するに至った(56)。こうしてソ連軍の第一次奪回攻撃は失敗に終わったのである。

八月四日、ソ連軍は戦車、火砲による攻撃を五二高地、沙草峯、張鼓峯に行い、戦車と飛行機による継続的な偵察も行った。日本軍はソ連軍の侵攻を警戒していたが、この日は本格的な攻撃はなかった。だが、日本軍はこれをソ連軍の次なる奪回攻撃への準備と判断し対応の準備を始めた(57)。

具体的には、佐藤連隊長が防御配備の変更を行った。主な変更は、平原少佐率いる部隊を五二高地から張鼓峯東南方八〇〇mにわたる区間の守備に当たらせ、張鼓峯東南方八〇〇mにある高地には第九中隊の一個小隊、第一機関銃中隊の一個小隊、第一大隊砲を配備し連隊砲も加え陣地を増強した点である(58)。

八月五日、ソ連軍は各方面に対し砲撃を行った。この日から砲撃の確度が向上し、全正面において死角を失う程であった。しかし目立った歩兵の前進はなく、飛行機も偵察を行うのみで爆撃は行わなかった(59)。これらの動きからやはりソ連軍は今後の戦闘の準備を整えていると思われた。

午前五時、尾高師団長は継続的に行われていたソ連軍の砲撃に対して、ソ連軍の十糎級加農砲の砲弾が日本軍の射程外から絶えず落下してくるのは士気を低下させるとして、朝鮮軍司令部に列車砲兵一個中隊、八九式十五加一から二個中隊、九〇式野砲三個中隊の増強について意見具申した。朝鮮軍はこの意見具申を受け入れ、関東軍に火砲の流用ができないか照会を行った。この時、北野参謀長も高射砲の増強について電報を付加していたことから、参謀本部は関東軍隷下の九〇式野砲二個中隊、独立重砲兵（十五加）一個中隊、装甲列車一隊と北支那方面軍隷下の野戦高射砲（甲）一隊を朝鮮軍司令官の指揮下に入れることを認めた(60)。

八月六日、ソ連軍の「第二次奪回攻撃」が始まった。明け方になると、張鼓峯からはソ連軍の戦車約七〇両が二九高地方面に移動しているのが確認でき、五二高地からは二九高地の両側に敵の砲兵陣地が構築され、同高地の南方稜線には戦車が既に四〇両展開しているのを確認した。

佐藤連隊長は夜明けと共に二九高地付近を集中的に砲撃することを命じ、午前六時より砲撃を開始した。ソ連軍もこれに応じて砲撃を開始し、両軍の砲戦は熾烈となった。日本軍は鹵獲した高射砲まで使用し、ソ連軍の戦車に効果的な攻撃を行った。しかし午前十一時ごろからは、ソ連軍の砲撃により五二高地では死傷者が続出し始め、張鼓峯や将軍峯など各方面も激しい砲撃を受けた。続けて午後一時三十分には飛行機が飛来し、張鼓峯や五二高地を中心に爆撃を行った。これに間髪を入れずに敵戦車部隊と歩兵部隊が前進を開始した(61)。

五二高地から張鼓峯南方地区の守備に当たっていた平原少佐は、敵の撃滅を決意し、全速射砲三門を以て敵戦車を攻撃し一四両を擱座させた。

張鼓峯の各部隊も連隊砲、鹵獲高射砲、大隊砲で敵戦車を攻撃した。しかし戦車の前進を完全に阻止することはできず、ついに五二高地の北側地区に二二両の戦車が侵入するに至った。日本軍は多数の死傷者を出しながらも猛火を浴びせ、最後は工兵の肉迫突撃によって日没までにソ連軍の戦車部隊と歩兵部隊の前進を止めることに成功した(62)。

張鼓峯では、夜になると頂上の日本軍陣地にソ連兵約二個中隊が急襲を仕掛け、午後八時三十分には侵入するに至った。張鼓峯への夜襲を顧慮していなかった佐藤連隊長は、第一大隊の主力を中心とした諸隊を急派した。頂上で

図８　将軍峯から見た張鼓峯と砲爆撃弾痕（撮影日不明）
出典：参謀本部『支那事変史特号　張皷峯事件史草案』40頁。

は日本軍が投石や手榴弾戦などの熾烈な戦いを繰り広げ、最後は突撃攻撃を仕掛け、翌七日午前六時ごろようやくソ連軍を撃退することができた[63]。しかしソ連軍はなおも兵力を増強しており戦局は重大化していた。

八月七日は、午前五時三十分ごろから五二高地及び第九中隊陣地（張鼓峯と五二高地の連接点）を中心とした各方面への敵の砲撃が前日以上に激しくなり、その確度はさらに向上していた。五二高地では午前十一時から飛行機も襲来し、猛烈な地上攻撃を開始した。敵の砲爆撃は午後一時三十分から午後二時三十分が最高潮であり、この間に戦車を先頭にした敵歩兵部隊が着々と前進し、敵戦車四両が五二高地の陣地に侵入した[64]。

平原少佐は、工兵小隊に戦車への肉迫攻撃を命じると共に、自らはなお接近してくる敵歩兵部隊を攻撃すべく第一中隊、大隊砲小隊、第七六連隊の一個中隊を率いて午後三時反撃に転じた。先頭に立ち指揮していた平原少佐は、この時に心臓を撃ち抜かれ壮絶なる戦死を遂げた。大隊副官も負傷したため、第一中隊長の稲垣中尉と大隊砲小隊長の國田少尉が協力して指揮を執り、反撃によって敵歩兵約二個中隊を殲滅した。この間、陣地中央部及び左翼方面でも攻撃を実施し、敵に殲滅的打撃を与えることに成功した。侵入した敵戦車四両も工兵小隊による爆薬や高射砲による攻撃ですべて破壊した。

佐藤連隊長は平原少佐の戦死を受け、小嶋三郎少佐率いる増援隊を五二高地へ派遣し、残った守備部隊を指揮下に入れ、五二高地の指揮はこれ以降小嶋少佐が執ることになった。守備隊は配置を変更の上、陣地を補強し夜を徹した。(65)一方の第九中隊陣地では、敵の戦車十数両と歩兵二個中隊前後が至近距離まで接近し、中隊長も重傷を負う状況となり、連隊命令により正午過ぎには陣地を放棄し後退する事態となった。(66)

張鼓峯ではソ連軍が夜襲を仕掛けてきたが、諸隊の守備により翌日午前二時三十分にはこれを撃退した。(67)この二日間のソ連軍の攻撃は、特に五二高地に重点を置いているようであった。しかしながら日本軍の奮闘により同高地を獲得するには至らず、翌日からは張鼓峯への攻撃が激しさを増すことになる。

八月八日、ソ連軍は張鼓峯頂上に対して午前五時過ぎから砲撃を開始した。午前五時三十分には約一個大隊半の敵歩兵が張鼓峯の左右両突角方面から前進してきた。日本の守備隊は五時間に及ぶ戦いを制して敵をハサン湖まで撃退した。その後、午後一時二十分に戦車三両を伴う敵約二個中隊が再び前進してきたが、この時も日本軍が奮闘し撃退した。(68)

午前中に将軍峯から戦況を確認した尾高師団長は、森本少将に張鼓峯東南斜面を占領しているソ連軍を撃破するように命じた。これに基づき森本少将は、旅団予備隊長（第七六連隊長）大城戸三治大佐に暗夜を利用し、第三大隊を率いて東南斜面のソ連兵を撃退するよう命令を出した。大城戸大佐は、午後九時ごろより夜襲を決行したがソ連軍の抵抗は激しく、戦闘は九日の明け方まで続いた。(69)

五二高地に対しても敵の砲撃は続き、飛行機による爆撃も行われた。しかし日本軍に大きな損害はなく、士気を高く保ちながら陣地の補修及び増強に努め夜を徹した。(70)

八月九日、張鼓峯の東南側斜面は依然としてソ連軍が占領しており、南麓斜面には砲兵が進出し相当な施設を整えていたため、砲撃は益々正確になっていた。張鼓峯では午前三時四十分ごろからソ連軍の半夜襲的な攻撃を受けたが、日本軍は奮闘し午前七時ごろには撃退した。

この日、ソ連軍の飛行機はほとんど姿を見せなかったが、五二高地は三度にわたる猛烈な砲撃を受けた。一度目は午前十時四十分からで、この時は敵主力部隊も接近してきたため、日本軍が猛火を浴びせ敵の前進を阻止した。二度目は午後〇時三十分から午後四時までの継続した砲撃であった。三時間半にも及ぶ砲撃により日本軍の各部隊では戦傷者六六名を出すに至り、陣地も大きく破壊された。三度目は午後七時から一時間にわたって行われた。三度の激しい砲撃により各隊は再び夜間の陣地補修を余儀なくされた(71)。

日本軍は各高地を死守しながらも、ソ連軍による連日の砲爆撃と夜襲により第一線では兵員を損耗しており、予断を許さない状況であった。

八月十日、張鼓峯では午前五時二十分に敵約一個中隊、午後一時三十分には敵約一個大隊が前進してきたが逐次これを撃退した。午後七時には飛行機からの射撃を受けたが、損害を受けることはなかった。

五二高地では、日本軍の陣地から二〇〇～三〇〇mの距離まで敵が迫っており、狙撃兵による狙撃が行われた。連日続いていたソ連軍の猛烈なる砲撃は、五二高地に長射程砲が到着したことで著しく減り、ほとんど砲撃を受けることはなかった(72)。

しかしながら、ソ連軍の「第二次奪回攻撃」により八月七日以降戦況は確実に厳しさを増しており、日本軍が逐次ソ連軍を撃退しても敵の増援は絶えることがなかった。日本軍は徐々に兵力が減っていき、このころになると混乱を起こす部隊も出始めていた(73)。

午後十時過ぎに、朝鮮軍北野参謀長は第十九師団中村参謀長より電報（号外）を受け取った。その内容は、師団が確実に進退の自由を有するのはここ一日か二日と判断し、進退の自由がある間に事件を解決すべく、速やかに外交交渉の措置を講ずるのが適当であるという意見具申であった[74]。その悲壮な戦況から上司に停戦合意を要求し、事実上の退却を示唆する異例の事態となったのである。

だが偶然にもこの日の午後十二時（八月十一日午前〇時）、モスクワでの外交交渉で日ソは停戦合意に達し、八月十一日正午に停戦することが決まったのである。

森本少将は、この停戦を「まさに時宜を得たもの[75]」だったと述べている。もはや日本軍の専守防禦は限界に達していたのである。

八月十一日、張鼓峯においては午前八時三十分よりソ連軍の最後の攻撃として三個大隊が前進してくるも、日本軍は砲撃により午前十時三十分にこれを撃退した。五二高地では特に動きはなく、正午を迎えることができた。

午前十一時、大本営はまず電話にてソ連軍の攻撃がない限りは、正午で一切の射撃を停止するよう朝鮮軍に伝え、併せて万が一ソ連軍が停戦合意に反して攻撃を仕掛けてきた場合には、万全の対応を取ることも伝達した。午前十一時二十分、大本営は公電として朝鮮軍に対して戦闘行動の停止を伝達し、モスクワでの合意に基づき両軍は八月十一日午前〇時時点の線で留まることになった[76]。

こうして張鼓峯事件における武力衝突は終わったのである。

第五節　停戦後の動き

八月十一日正午の停戦を受け、中村軍司令官は戦闘再発を防遏する現地協定をソ連軍使と結ぶため、同日午後六時五十分、尾高師団長に次の人選で停戦協定委員を編成するよう命じた。

委員長　第十九師団参謀長　中村　美明　大佐
委　員　朝鮮軍参謀　吉田栄治郎　中佐
委　員　琿春特務機関長　田中鉄次郎　少佐(77)

しかし尾高師団長は、午後〇時四十分には既に停戦協定委員を左のとおり任命していた。

委員長　歩兵第七四連隊長　長　勇　大佐
委　員　関東軍(通訳として)　鵜飼芳男　中佐
委　員　歩兵第七四連隊通信班長　香月範正　少尉(78)

尾高師団長は、中村大佐が師団参謀長として忙殺されていたため、代わりに他の者を委員長として任命する必要があると判断し、長大佐を任命したのである。なぜ長大佐を抜擢したかというと、長大佐は八月八日の夜に戦場に着き、戦闘に参加しなかったため軍服が綺麗であり、日本軍を代表するのに恰好がよかったからという理由であった。(79)関東軍の鵜飼中佐が通訳として選ばれた理由は、他に適当な通訳が見当たらない中、八月二日に関東軍より派遣された川目班の一員として、彼がたまたま現地にいたからである。そして香月少尉は、歩兵第七四連隊の中で唯一ロシア語を修学していたために選任された。(80)

結果的に尾高師団長の人選は朝鮮軍に認可され、長大佐を委員長とする委員会が対応に当たることになった。

ソ連軍使との会見の際に、尾高師団長が長大佐に与えた任務は次の三つであった。

一　モスクワ協定に基づき、八月十日正午（引用者註—十一日午前〇時の誤り）の線に両軍を停止させる

二　一切の戦闘行動を停止し、不期戦闘再発を防遏する

三　努めて早く彼我の戦没死体を交換する[81]

八月十一日午後三時三十五分、五二高地正面のソ連軍戦線より白旗をあげたソ連軍使が現れ、日本軍陣地の一〇〇m手前にある赤禿高地で止まり、日本軍の軍使を要求する様子が確認された。この報告を受けた長大佐は、三名の中尉を派遣し、ソ連側の要求が軍使会見の場所及び時刻を日本軍に指定して欲しいという内容であることを理解した。この内容は午後四時二十分に尾高師団長にも伝えられた。しかし師団長は、既に午後四時に香月少尉をソ連軍使との会見交渉のため、在将軍峯の師団司令部から沙草峯東側高地に派遣していた。

行き違いが生じたこの事態を、尾高師団長は香月少尉の任を解くことで対応し、同時に長大佐に「十八時張鼓峯頂上付近に於て両軍使会見すべき旨[82]」を伝えた。

史料の記録が正しいとすれば、尾高師団長は中村軍司令官が委員会の人選を伝える約三時間も前に、自身が選任した委員（香月少尉）を予備折衝の交渉役としてソ連軍側に送り出していたことになる。

その後、長大佐は随員を引き連れ、午後六時前には張鼓峯の頂上に到着した。しかしソ連側から、距離が遠く時間に間に合わないため、張鼓峯東南稜線付近にて会見を行いたいという趣旨の連絡が入った。長大佐と随員は移動し、午後六時十八分にソ連側が指定した場所に到着した。到着した一行を待ち受けていたのは、機関銃を持ち警戒に当た

るソ連軍兵士一三名であった。

日本軍の軍使到着から遅れること二分、午後六時二十分に額に包帯を巻いたシュテルンが部下を引き連れ姿を現した。

ソ連軍の軍使は次のとおりである。

委　員　長　シュテルン　　三等大将
旅団委員　セミヨノフスキー　政治少将
　　　　　フエドートフ　　大佐
　　　　　ワビーロフ　　少佐
随　　　員　姓名不詳　　兵
通　　　訳　金・アレクセイ(83)

第一次会見では、まず長大佐が停戦協定の成立を慶祝し、ソ連軍の敢闘を讃えた。シュテルンもこれに応える形で、日本軍の勇気と強さを讃えた。続いて長大佐は、停戦合意に基づき戦闘が再発しないように、シュテルンと現地協定を締結したいと申し出た。シュテルンは申し出を受け入れ、両軍指揮官が現在線の超越と一切の戦闘行動の禁止に大いに努力するべきだと述べ、翌日より協定文作成に入ることを提案した。

長大佐は翌日の会見について、正午に防川頂北側の白壁の家（小学校）にて協定書を作成することを提案し、シュテルンはこれに同意した。最後に、長大佐が両軍の兵士の遺体交換についても協議したい意向を伝えるが、シュテルンは戦闘の再発防遏を優先するべきだと回答した。

この第一次会見の時間は、午後六時二十分から午後六時四十五分までの二五分間と短い時間ではあったが、長大佐は主導権を握るため握手や発言を自ら始めるように心掛けた。また挨拶を交わしている時は、包帯を巻いていたシュテルンに「日本軍の砲弾に因り負傷」したのではないかと揶揄するなど、機先を制することに努めた(84)。長大佐の泰然とした態度は、ソ連側に一定の効果を与えたようであり、尾高師団長の人選が思わぬ功を奏したといえる(85)。

八月十二日の第二次会見の前、午前十一時に尾高師団長は次の三点をソ連側の委員と協議するよう指示を出した。

図９　白壁の家（小学校）で会談を行う両軍代表
出典：参謀本部『支那事変史特号　張鼓峯事件史草案』297頁。

一　昨日(十一日)正午以降、戦闘行動を中止すること

二　日ソ両軍は現在の占領線を保持すること。もしソ連軍がこの線を越え、紛争が再起したら、その責任はソ連軍にあること

三　戦場掃除のためにソ連側委員と協定を結び、本日中もしくは翌十三日中に所要人員を出してこれの完了を図る。その際相互に必要な援助を取り計らうこと(86)

この日、ソ連軍使は約一時間遅れの午後一時ごろに到着した。前日の揶揄が効いたのかシュテルンの額には包帯はなく、代わりに絆創膏が貼られていた。長大佐は早速尾高師団長から指示を受けた三つの項目について、ソ連軍使と協議に入った。

第一項は、ソ連側にも異論はなくすぐに合意することができた。第二項については、ソ連側が「現在占拠しある線を保持すること」を「八月十日二十四時の線を保持す」と訂正するよう求め、日本側はこれを承諾した。また、シュテルンは第二項の但し書き部分について、ソ連軍だけではなく日本軍も同様の責を負うべきだと主張し、長大佐に対して日本軍が現在線を超越して紛争が再起した場合は、日本軍にその責があるという確認を取った。第三項についてはソ連側も異存なく合意した。

こうして長大佐一行は、尾高師団長が指示した三つの項目をソ連側に確認することに成功した。しかしソ連側は、第二項の日本軍の責について確認を取ったことを利用するように、日本軍現地部隊の越境を指摘し始めた。

その内容は、八月十一日午後七時二十分張鼓峯北部高地より機関銃を持った日本兵約四〇名が約一〇〇m前進したというものであった。ソ連側は日本に後退を要求したが、長大佐は日本軍の前進は絶対にないと反論した。一方で、もし指摘が事実であれば、申し出に応じる用意があるとして現地部隊の調査を約束した。

その後、今度は長大佐が前夜（八月十一日夜）にソ連軍が日本軍の陣地に接近してきて、機関銃座の銃眼を閉塞する事案が発生したと抗議した。ソ連側もこれを否定し、双方が相手の行動を非難し合う展開となった。また、シュテルンは、日本軍が占拠している場所は、「張鼓峯北部の一点（トーチカ）」という認識を示し、ソ連軍が占拠している場所については、「張鼓峯北部高地稜線より下方約七、八十米の線」に主力陣地があり、その前方の「高地頂上の下方約二十五米の線に点々数名の監視兵を配置」していると述べた。[87]

両者の意見が嚙み合わなかったため、日本側は両軍が互いに停戦時の配置を現地調査した上で覚書に付図を付け、その地図上にて両軍の配置線を定めることを提案しソ連側もこれに合意した。両軍代表一行は午後四時に一旦会見を終え、現地調査のため白壁の家から張鼓峯東南斜面へと向かった。[88]

午後四時三十分に一行は張鼓峯東南部に到着した。まず五二高地における両軍の配置を明瞭にするため、セミヨノフスキーと田中少佐がそれぞれ通訳を引き連れて現地調査を行った。その結果、五二高地については日本軍が占領していることが明らかとなった。次いで一行は張鼓峯の頂上へ移動し調査を行った。この時点では、日本軍は張鼓峯の北端最高地点から東南方向へと稜線に沿い約一〇〇m占領しており、ソ連軍は日本軍から五、六m離れた距離で盛んに陣地を構築していた。さらに南部ではソ連兵が稜線を越えてきて、両軍の代表が協議中に日本軍代表に機関銃を向ける事案が発生した。

図10　会見に向かう日本軍使一行（撮影日不明）
出典：アレクサンドル・ヤコベーツ提供。

現地調査終えて再開された第三次会見で、長大佐はソ連軍のこれらの行為は明らかに停戦協定に違反しているとして抗議した。シュテルンは先程の第二次会見で述べたように、これらは日本軍の前進に対応するためだと主張したが、長大佐はこの主張を改めて否定した。加えて、ソ連軍が前進だと主張する日本軍の行動は、糧食の運搬か交代兵の動きを勘違いしたものではないかと述べ、両軍共に八月十一日午前〇時の線に部隊を後退させることを改めて提案する。

ソ連側が同意したところで、日ソ両軍は張鼓峯北部の主力を八〇m以上後退させた。日本軍は一個中隊を後退させ、ソ連軍も主力部隊を稜線下の停戦時の線まで後退させた。

その後、両軍代表は覚書の付図に両軍の配置を記入し、日本側は署名を終えソ連側にも署名を求めた。

しかしソ連側は、記入が鉛筆であることと覚書が汚損していることを理由に署名を拒否し、この日の会見の打ち切りを申し出た。日本側は翌日（八月十三日）正午に双方が覚書と地図を清書して再会し、ソ連軍が署名することの確約を取り付けて会見を終了した。この時既に日付が変わって十三日午前一時三十分であった[89]。

八月十三日の第四次会見は、例によってソ連軍代表が約一時間遅れで到着し開始された。ソ連軍代表は、前日の約束を翻し地図に両軍の配置を記入するのではなく、覚書の文書に記入したいと申し出た。日本軍代表はこの申し出には応じることはできないという姿勢を取ったが、ソ連軍代表も主張を曲げずに粘ったため、ソ連軍代表に対して覚書にどのように両軍の配置を記述するつもりなのかを質問した。

ソ連軍側はこの時、張鼓峯、沙草峯、五二高地における部隊の配置を自軍に有利になるよう変更していた。特に張鼓峯についは東南稜線上のソ連軍の鉄条網の前端と哨兵がいる位置をソ連軍前線と見なしており、日本軍代表は厳重に抗議した。しかしソ連軍代表が主張を譲らなかったため長大佐は、日本軍は主力が占領している線を前線としているのに対し、ソ連軍は鉄条網と哨兵の位置を前線としており根本的に見解が異なる上、ソ連軍は領土を拡大しようとしていると述べ、交渉の打ち切りもあり得ると申し出た。

この申し出の直後、シュテルンが突然八月十一日に日本軍が前進して陣地を占領したという件について抗議文を手渡してきたため、長大佐は交渉の打ち切りを申し出た。ソ連軍側は交渉の継続を望んだが、長大佐は根本的な認識を改めなければ会見を何日続けても無駄になると判断し、交渉打ち切りを決定した。

近日中に交渉再開の必要性があると述べたソ連軍代表に対して、長大佐は「指揮官より新たな命令があれば再開するかもしれない。また我が政府において必要とするにおいては外交交渉に移すことあらんも只今明答しがたし」と返答した[90]。ソ連側は日本側の申し出を受け入れ、現地交渉はこれを以て終了したのである。

現地部隊の撤退については、停戦翌日の八月十一日、これ以上の紛争を避けるため参謀総長が中村軍司令官に機を見て兵力を豆満江右岸に集結させるよう命令を下した[91]。翌日八月十二日午後〇時、中村軍司令官は兵力を豆満江右岸地区に撤退させることを命じ、尾高師団長は十二日夕刻から撤収することを隷下部隊に命じた。そして、八月十四日には完全に事件勃発以前の状態に戻ったのである[92]。

図11　張鼓峯の頂上でソ連軍が撮った写真
出典：アレクサンドル・ヤコベーツ提供。

こうして張鼓峯の日本軍が占領していた部分は再び無人となった。しかし翌一九三九年三月、関東軍司令部の辻政信少佐が張鼓峯を視察に訪れた際に目にしたものは、ソ連兵が張鼓峯を占拠している光景であった。彼は直ちにその状況を写真に収め、参謀本部へ対応を迫ったが、参謀総長の回答は「そのままにして置け」というものであった[93]。

こうして日本軍は、多大なる犠牲を払って死守した張鼓峯をすべてソ連軍に渡してしまったのである。

以上が日本の史料、文献によって築き上げられた張鼓峯事件の定説である。日本軍は機械化されたソ連軍の前にあと一日も持たない程の大損害を出し、結果として張鼓峯をソ連軍に占領されてしまった。これらの事実により日本における張鼓峯事件は、近代化したソ連軍に日本軍が敗北を喫した戦いと評価されてきたのである。

註

（1）第一復員局『張鼓峯事件』（一九五二年）三丁（防衛省防衛研究所戦史研究センター所蔵）。
（2）防衛庁防衛研修所戦史室『戦史叢書27　関東軍（1）　対ソ戦備・ノモンハン事件』（以下『戦史叢書27　関東軍（1）』と表記）（朝雲新聞社、一九六九年）三四五―三四六頁。ただし、同書では朝鮮軍参謀長が北野憲三と誤植されているため、正しい表記に改めた。橋本群、小磯國昭の陸軍士官学校の期も改めた。氏名及び期の確認は、井本熊雄監修『帝国陸軍編制総覧』（芙蓉書房、一九八七年）三四五頁、五六一頁を参照した。
（3）Яковец А. П. *ПОДВИГ НА ГРАНИЦЕ 75лет военному конфликту у озера Хасан 1938-2013*. Владивосток. 2013. С. 20, 85-87. ソ連軍の狙撃軍団や狙撃師団の「狙撃」は歩兵を意味する。
（4）第一復員局『張鼓峯事件』一丁。
（5）Челевко К. Е. "Советско-японский конфликт в районе озера Хасан в 1938г." Резник Н. И. *На границе тучи ходят хмуро... (К 65-летию событий у озера Хасан)*. Москва. 2005. С. 178.
（6）中山隆志「張鼓峰事件再考」（『防衛大学校紀要』第七〇輯、一九九五年）九三頁。当時のソ連側の記録自体は明らかでないが、この点については中山が複数の先行研究から傍証している。
（7）参謀本部『支那事変史特号　第一巻　張鼓峯事件史附表附図』（以下『張鼓峯事件史附表附図』と表記）附表第一（防衛省防衛研究所戦史研究センター所蔵）。
（8）『戦史叢書27　関東軍（1）』三四五頁。稲田正純「ソ連極東軍との対決――張鼓峰・ノモンハン事件の全貌秘録――」（『別冊　知性　秘められた昭和史』河出書房、一九五六年）二七九頁。
（9）『張鼓峯事件史附表附図』附表第一。
（10）中山隆志『関東軍』（講談社、講談社選書メチエ、二〇〇〇年）一八六頁。
（11）『張鼓峯事件史附表附図』附表第一。『東京朝日新聞』（一九三八年七月十九日）夕刊、一面。
（12）『張鼓峯事件史附表附図』附表第一。
（13）朝鮮軍司令部『張鼓峯事件ノ経緯』（以下『張鼓峯事件ノ経緯』と表記）（一九三八年）四―七丁。
（14）同右、一一丁。『張鼓峯事件史附表附図』附表第一。『戦史叢書27　関東軍（1）』三四七頁。小林龍夫・稲葉正夫・島田俊彦・臼井勝美解説『現代史資料12　日中戦争(四)』(みすず書房、一九六五年)五〇二頁。
(15)『戦史叢書27　関東軍(1)』三四九頁。『張鼓峯事件ノ経緯』一六丁。
(16)原田熊雄『西園寺公と政局　第7巻』(岩波書店、一九五二年)五一頁。
(17)『張鼓峯事件ノ経緯』一九丁。
(18)同右、一四―一五丁。
(19)同右、二〇丁。
(20)『戦史叢書27　関東軍(1)』三五二頁。
(21)『張鼓峯事件ノ経緯』二八―三一丁。
(22)『張皷峯事件史附表附図』附表第一。『戦史叢書27　関東軍(1)』三五五頁。
(23)参謀本部『支那事変史特号　張皷峯事件史草案』(以下『張皷峯事件史草案』と表記)(一九三九年)一七頁(防衛省防衛研究所戦史研究センター所蔵)。ソ連兵が工事を開始した高地の位置について、アルヴィン・D・クックス『もう一つのノモンハン　張鼓峯事件　1938年の日ソ紛争の考察』(以下『もう一つのノモンハン　張鼓峯事件』と表記)八五頁で「沙草峯西側」とし、『戦史叢書27　関東軍(1)』三五六頁では「沙草峯南方」と記している。この点につき、筆者は一次史料を複数確認したが、右引用元にある「沙草峯西側初池南側高地」という説明が、二つの研究書に相違を生んだ原因と考えられる。
(24)『張皷峯事件史草案』一七頁、二〇―二一頁。ソ連側の主張に基づいても三五〇mの越境という主張は、クックス『もう一つのノモンハン　張鼓峯事件』八六頁を参照。
(25)同右、一七―一八頁、二一頁。
(26)同右、一八頁。
(27)同右、一九頁。
(28)同右、一九―二二頁。
(29)『張鼓峯事件ノ経緯』三六丁。
(30)クックス『もう一つのノモンハン　張鼓峯事件』一〇一頁。
(31)この点につきクックスは、朝鮮軍から見ると七月二十九日の事件で「一番衝撃的なこと」と述べている(同右、一〇〇頁)。
(32)『張鼓峯事件ノ経緯』三九丁。
(33)同右。

(34) 同右、三九―四〇丁。
(35) 『張鼓峯事件史草案』二八頁。
(36) 同右、二八―二九頁。
(37) 『戦史叢書27　関東軍(1)』三六〇―三六一頁。歩兵第七十五聯隊『歩兵第七十五聯隊　張鼓峯事件戦闘詳報　1／2』(以下『歩兵第七十五聯隊戦闘詳報1／2』と表記)二一―二二頁(防衛省防衛研究所戦史研究センター所蔵)。
(38) 『張鼓峯事件史附表附図』附表第一(續)。『戦史叢書27　関東軍(1)』三六二頁。『張鼓峯事件史草案』見返し。
(39) 『歩兵第七十五聯隊戦闘詳報1／2』三九―四〇頁、四三頁、五〇―五一頁。『戦史叢書27　関東軍(1)』三六三頁。
(40) 『歩兵第七十五聯隊戦闘詳報1／2』三三頁。
(41) 『戦史叢書27　関東軍(1)』三六六頁。『張鼓峯事件史附表附図』附表第一(續)。
(42) クックス『もう一つのノモンハン　張鼓峯事件』一七一頁。
(43) 『戦史叢書27　関東軍(1)』三六七―三六八頁。
(44) 『歩兵第七十五聯隊戦闘詳報1／2』七九頁。
(45) 同右、八〇頁。『張鼓峯事件史附表附図』附表第一(續)。
(46) 『歩兵第七十五聯隊戦闘詳報1／2』八〇―八二頁。
(47) 『張鼓峯事件史附表附図』附表第一(續)。
(48) 『歩兵第七十五聯隊戦闘詳報1／2』八三頁。
(49) 同右、九二頁。『戦史叢書27　関東軍(1)』三七〇頁。
(50) 『歩兵第七十五聯隊戦闘詳報1／2』九三―九四頁。
(51) 同右、九九頁。
(52) 同右、九九―一〇一頁。
(53) 同右、一〇一―一〇三頁。
(54) 『張鼓峯事件史草案』二五五頁。
(55) 『歩兵第七十五聯隊戦闘詳報1／2』一一七―一一八頁。
(56) 同右、一一九―一二二頁。
(57) 『戦史叢書27　関東軍(1)』三八〇頁。

(58)『歩兵第七十五聯隊戦闘詳報1／2』一四八頁。
(59)同右、一六二―一六三頁。
(60)『張鼓峯事件ノ経緯』六二―六四丁。『戦史叢書27 関東軍（1）』三七六頁。
(61)『歩兵第七十五聯隊戦闘詳報1／2』一七一―一七六頁。
(62)同右、一七六―一七八頁、一八〇―一八一頁。
(63)同右、一九三―一九七頁。『戦史叢書27 関東軍（1）』三八三―三八六頁。
(64)歩兵第七十五聯隊『歩兵第七十五聯隊 張鼓峯事件戦闘詳報 2／2』(以下『歩兵第七十五聯隊戦闘詳報2／2』と表記)五―七頁(防衛省防衛研究所戦史研究センター所蔵)。『戦史叢書27 関東軍（1）』三八六―三八七頁。
(65)『歩兵第七十五聯隊戦闘詳報2／2』八―一〇頁。『戦史叢書27 関東軍（1）』三八八頁。
(66)『戦史叢書27 関東軍（1）』三八八―三八九頁。
(67)『歩兵第七十五聯隊戦闘詳報2／2』一七―一九頁。
(68)同右、四八―四九頁。
(69)同右、四九―五〇頁、五三頁。『戦史叢書27 関東軍（1）』三九二頁。『張皷峯事件史草案』一九七―一九八頁。
(70)『歩兵第七十五聯隊戦闘詳報2／2』四七―四八頁。
(71)同右、六〇頁、六三―六四頁。
(72)同右、七六―七七頁。
(73)クックス『もう一つのノモンハン 張鼓峯事件』二八九頁。
(74)『張鼓峯事件ノ経緯』八三丁。
(75)クックス『もう一つのノモンハン 張鼓峯事件』三六七頁。
(76)『歩兵第七十五聯隊戦闘詳報2／2』九一頁。『張鼓峯事件ノ経緯』八八丁。
(77)『張皷峯事件史草案』二八八頁。冨永亀太郎『われら張鼓峯を死守す』(芙蓉書房、一九八一年)二五〇頁。
(78)『張皷峯事件史草案』二八九―二九〇頁。
(79)冨永『われら張鼓峯を死守す』二五一頁。この人選理由についてクックスは、尾高師団長が冗談を言っただけかもしれないと捉えているが(クックス『もう一つのノモンハン 張鼓峯事件』三三七頁)、冨永は尾高師団長が長大佐を選んだ理由を「淡々と述べられた」と回想している。そのため、筆者は制服の汚れについては真面目な理由だったと考える。

(80)『張鼓峯事件史草案』二九〇頁。
(81)同右。
(82)同右、二九一頁。
(83)同右、二九二頁。階級は史料原文のまま記した。
(84)同右、二九二―二九四頁。
(85)クックス『もう一つのノモンハン　張鼓峯事件』三三九頁。
(86)『張鼓峯事件史草案』二九四―二九五頁。
(87)同右、二九五―二九九頁。
(88)同右、二九九―三〇一頁。
(89)同右、三〇二―三〇八頁。
(90)同右、三〇八―三一三頁。
(91)『張鼓峯事件ノ経緯』九一丁。
(92)『戦史叢書27　関東軍(1)』四〇九頁。
(93)辻政信『ノモンハン』(亜東書房、一九五〇年)四〇―四一頁。

第二章　日本の評価とソ連の分析

第一節　背景の考察

一　威力偵察の評価

一九三八年七月から八月にかけて起こった張鼓峯事件は、第一章で示したとおり日本ではソ連国境警備兵が満洲国領土に侵入したことによって勃発した国境紛争と位置づけられている。一方、当時のソ連の評価は反対で、日本軍がソ連領土に侵入したことによって引き起こされた国境紛争と評価していた。(1)

お互いに事件の発端に対する主張が異なる事件ではあるが、稲田正純大佐が語ったところによると、当時の日ソ両国の共通理念としては、お互いに衝突を避けようとしていた。(2) これは、日本は前年に勃発した支那事変と、そこから続いていた中国各地での戦闘で手一杯となっており、ソ連もまたナチスドイツが台頭していた西側への不安と、そのナチスドイツとの将来的な衝突に危機を感じていたからである。(3)

日本は支那事変が拡大の一途を辿ることに危機感を募らせ、これを早急に解決したいと考えていた。(4) 行き詰った状況下で計画されていた支那事変最大規模の軍事作戦である武漢作戦を実施するに当たり、中央上層部は支那事変へのソ連の武力介入を懸念していた。こうした懸念が対支処理の指導そのものに影響を与えることを案じた稲田大佐は、「ソ連は万が一にも本格的対日戦に出ることはない」という確証を得るために、この張鼓峯事件で朝鮮軍第十九師団を使い、ソ連の出方を窺う威力偵察の実施を唱えたのである(5)。

この〝威力偵察論〟については、稲田大佐本人とその周囲が主張していたということであり、張鼓峯事件を処理した当時の統帥部の中で統一された意見だったわけではない(6)。このため、威力偵察論を張鼓峯事件の勃発と結びつけることについては、日本の研究者の中でも異論がある(7)。

しかし、現在ロシアでは張鼓峯事件の発端をこの日本の「威力偵察論」に求める動きがある。これはロシア側の研究成果に、「稲田正純大佐は、ソ連に対日戦の準備がないことを証明するために、第十九師団でのどんな犠牲も厭わずに威力偵察を行った(8)」という紹介がされていることからも明らかである。

当時、稲田大佐が威力偵察の構想を持っていた積極論者であったことは確かである(9)。しかし、この威力偵察の解釈について両国には大きな差異が認められる。

日本における「威力偵察論」の認識は、稲田大佐の回想にもあるように、ソ連の出方を窺うために衝突するのであれば、ポシエト湾と満洲国の国境の間の狭い地境で、しかもハサン湖と豆満江により地理的に活動が制限される張鼓峯一帯ならば、決定的な戦闘には至らないと判断でき、とにかく一度ソ連を叩いてみようというものであった(10)。

一方ロシアの認識としては、張鼓峯事件以前から日本は既に威力偵察を実施しており、ソ連に対する挑発を繰り返し軍事衝突のきっかけを作ろうとしていたと分析している(11)。ソ連が主張する具体的な威力偵察としては、一九三八年の張鼓峯事件が勃発するまでの八ヵ月間に、日本軍により行われた陸上の国境侵犯一二四回、領海侵犯一二〇回、領空侵犯四〇回、さらにそこから発生した衝突一九回を挙げている[12]。

こうした日露両国の主張から明らかなのは、日本の「威力偵察論」は、張鼓峯事件でソ連を一度叩いておこうと考えたのに対し、ロシアの「威力偵察論」は、度重なる日本の〝威力偵察〟の結果として張鼓峯事件が引き起こされたという認識であり、同じ「威力偵察論」でもその評価は大きく異なっている。

二　防共協定の影響

張鼓峯事件に至るまでに日本が度重なる〝威力偵察〟を行った理由について、ロシア側ではどのような分析を行っているのか考察する。

近年のロシア側の研究では、「長引く支那事変が防共協定における日本の権威に影響を与えており、（特にドイツに対しての）面子を保とうとした日本が目に見える成功を必要とし、ソ連との紛争を誘発するために執拗に国境侵犯を繰り返した[13]」とその原因を論じている。

こうした防共協定（特に日独）を持ち出したロシア側の研究は、日本側から見ると的外れな分析に思われる。しかしソ連時代まで遡って考察すると、事件当時からソ連は真剣に防共協定と張鼓峯事件の関係を指摘していたことが窺える。

張鼓峯事件終結後、マクシム・リトヴィノフ（Максим Максимович Литвинов）外務人民委員は「ソ連外務人民委員の電報」の中で、張鼓峯事件の結果について次のように概括している。

まず紛争は張鼓峯を占領しようとした日本により引き起こされ、結果として高地はソ連に残った。（中略）そしてドイツはヨーロッパで手一杯だったため、明らかに紛争の拡大を望んでいなかった。このため直接日本を支持せずに、新聞などによるプロパガンダ支援しかできなかった[14]。

時の外務人民委員が対日国境紛争について、日本よりもドイツの動きに重点を置いて評価を行っているのである。そしてこの評価は、日本がドイツに対する面子のために衝突を誘発したというロシア側の論考にも通じるものである。

さらに同電報では、「日本はソ連の意地とドイツから支援を受けることができなかった現実を教訓として得た[15]」とも述べていることから、ソ連は防共協定に基づきドイツが対日支援を行うことに大きな懸念を抱いていたといえる。防共協定が原因で日本がソ連に挑発行為を繰り返したという評価は、当時の日本の事情を正しく反映しているとはいい難い。

しかし一つ明らかなことは、ソ連は張鼓峯事件の二年前に締結された日独防共協定を過大評価していたということである。同時に、ソ連は張鼓峯事件によって、それまで警戒していた防共協定にさほど効力がないことを知ったのである。この辺りの事情は、その後のソ連の対日政策に少なからざる影響を与えたといえよう。

第二節　張鼓峯と沙草峯

一　日本にとっての張鼓峯

張鼓峯事件において、日本が張鼓峯の獲得にどれ程の価値を見出していたのか改めて考察する。

張鼓峯の価値については、稲田大佐の論文[16]を引用した上で『戦史叢書27　関東軍〈1〉』で評価を行っている。後の分析を明確化するため、該当部分を前段と後段に分けて次に示す。

張鼓峯は付近一帯の国境線を形成している高地群の中では一きわ高くそびえ、その頂上から満鮮領及びソ領が広く展望できる要点であった。しかし全般の位置から考えると、それは全満洲の最南東端の一点に過ぎず、しかもその周辺の地域は、すこぶる狭小で湖沼と豆満江に挟まれた大兵力の使用に不適な地形であり、従ってソ軍の一部がこれを占領したとしても大局に影響はなかったのである。

また当時わが方としては、立ち遅れた軍備の強化に乗り出し始めたばかりであるのに、前年夏から起こった支那事変は逐次泥沼状態に陥りつつあった。これを考えれば、我としてこのうえ、ソ連との間のあまり意味もない地点をめぐって紛争をひき起こすようなことは絶対に避けなければならなかったのである。[17]

砕いたいい方をすれば、張鼓峯は周囲を見渡すことができる高地ではあるが、見渡すといっても国境の果てであり、たとえソ連に取られても影響がない程度のあまり意味のない高地、ということである。

しかし、この評価には疑問が生じる。なぜならば、稲田論文の真意を正しく引用していないからである。まず、前段部分について考察する。

強硬な威力偵察論者であった稲田大佐の論文を一読すれば明らかであるが、彼の主張を正しく引用するならば、前段部分は引用箇所で終わるのではなく、「だからこの際、この場所でソ連軍を一度叩いてみるべきだ」といった言葉がつながるべきなのである。[18] 引用が主張の前提部分で終わっており、核心部分が欠落しているのである。

次に後段部分について考察する。稲田大佐は確かに、支那事変発生後の対応に追われている中央が、「万一ソ連の干渉でも起っては大変」だと考えて「事勿れ主義が強調されていた」と述べているが、これはそうした状況の中で、関東軍が中央を引きずり込んだノモンハン事件と中央がソ連の「おちょっかい」を取り上げて朝鮮軍に対応させた張鼓峯事件という二つの国境紛争の違いを説明するための背景として述べているだけで[19]、引用箇所を以て張鼓峯を「意味もない地点」と主張するのは稲田論文の主張するところではない。

当時の日本は、むしろ張鼓峯の価値を十分に理解しており、快晴の日には張鼓峯の頂上からソ連のポシエト湾のみならず、ウラジオストクまで望見できることを認識していた[20]。また逆に、もしソ連に頂上を獲得されれば、朝鮮と新京を結ぶ鉄道をわずか六kmの距離で一望され、同時に約一八km先に位置する羅津港まで見渡されることも十分に認識していたのである[21]。

そしてこれと全く同様のことを稲田大佐も論文の中で記述している。その上で張鼓峯には「便利な地点[22]」という言葉を充てている。東西の要所を見渡せるこの高地が、本当に「便利」なだけだったのだろうか。

要するに稲田大佐は、威力偵察構想を実現するために張鼓峯を無価値化したのであって、無価値な張鼓峯で事が起き、威力偵察構想を実現したわけではないのである。

張鼓峯からソ連領内を見渡せることについてはロシア側でも指摘されており、「日本が張鼓峯を占領した場合、日本はポシエト湾の南方面と西方面の監視を行うことができ、さらにポシエト湾の入江の監視をも許すことになり、この高地を利用した砲撃は地理的に日本側にとって戦況を有利にすることになる[23]」という具体的な分析を行っている。

張鼓峯からポシエト湾までは二五km程度しか離れていないため、張鼓峯を利用した砲撃は確かに湾全体を脅かすことになる。

もっとも日本側が張鼓峯にポシエト湾砲撃観測点としての価値を、どの程度見出していたかについては疑問が残るが、ソ連にとっても張鼓峯は十分に価値のある高地だったのである。

以上のことから、日本にとっての張鼓峯は、当時から「地理的に十分価値がある高地」だったといえる。

二　ソ連国境警備隊が張鼓峯に進出した理由

日本では、ソ連が張鼓峯に兵を進めた理由として『戦史叢書27　関東軍〈1〉』の中で「日本軍の武漢攻略戦準備が着々進展し、今や漢口の失陥が必至と見られるようになった事態にかんがみ、ソ連としてこの張鼓峯付近に事を構えて中国側を間接的に支援しようとした」[24]という分析を行っている。だが同時に「赤軍将兵を犠牲にしてまで中国を援助する決意を持ったか、この点、多大の疑念がある」[25]との意見も付加されており、同書からソ連側の意図を読み取ることはできない。
国境線に視点を移すと、ソ連の認識では国境線は張鼓峯を含む周辺の高地の稜線上を通っていたため、頂上部であっても稜線部分までは自国領土であり、稜線を越えなければ陣地構築は問題ないと考えていたとも捉えられる。しかしこうした考えに対しては、実際に山頂に陣地を作れば、たとえ稜線を越えていなくても日満側から越境を非難される可能性があり、紛争を避けるのであれば日ソ両軍が稜線上の要点を互いに占領するか、無人地帯として放置するしかないという指摘もなされている。[26]
こうした中で、現在では張鼓峯事件の直前に起きたリュシコフ事件との関連を指摘する説が有力である。[27]七月六日にソ連国境警備隊長が張鼓峯を占領することを意見具申したことは第一章で述べたが、日本ではその理由を粛清から

図12　ソ連側から見た張鼓峯の頂上部
張鼓峯の頂上部は、岩石が多かったことが見て取れる。
出典：アレクサンドル・ヤコベーツ提供。

身を守るための「忠義だて」[28]やリュシコフ事件の「名誉挽回」[29]、新任隊長の「点数稼ぎ」[30]など自己保身的な理由を指摘する見方が多い。

これらは当時のスターリンの粛清などを考慮すると、十分に説得力がある仮説である。

しかし、本書では敢えてロシアの論考から別の説を提案したい。

新任のグレベンニク大佐を始めとしたソ連国境警備隊が、リュシコフ事件で中央に対し大きな引け目を感じていたことは間違いない。しかし、グレベンニク大佐が張鼓峯への進出を決意したのは、いわゆる「名誉挽回」ではなく、周囲をよく見渡せる張鼓峯に陣地を築くことで、国境線警備を強化し新たなる亡命事件を防ぐためだったという説である[31]。

では、なぜ稜線を越えたのかというと、ソ連側から満洲国側を見渡そうとすると斜面が急で死角が大きいため、見通しを得るには稜線を越えなければならなかったということである[32]。日本側の史料には張鼓峯には所々断崖があり、頂上部に近づく程岩石の起伏が多くなっているという記録もあり、こうした地表の悪条件も視界を得たいソ連国境警備隊を一歩前へと進めた要因かもしれない[33]（図12参照）。

当時ブリュヘル元帥が設置した調査委員会の報告によると、この時ソ連国境警備兵は三m越境していたとされている[34]。

従来の日本の「名誉挽回説」とロシアの「国境警備強化説」のどちらが真相なのか、現時点では明らかでない。しかし、この二つの説はソ連国境警備隊の意志が正反対に向くものであり、今後新しい論点となり得るであろう。

三　張鼓峯進出の日付

本書で何度も述べてきたとおり、ソ連国境警備兵が初めて張鼓峯に姿を見せた日付は一般に七月九日とされている。しかし、実はこれまでの日本の研究の中では諸説あり、七月九日以外にも七月十一日、七月十二日が越境日として挙げられていた(35)。これは日本側の史料にばらつきがあるためである。例えば、『戦史叢書27　関東軍（1）』ではソ連国境警備兵の越境日を七月九日としている(36)。一方、稲田大佐はソ連国境警備兵が初めて姿を現し、陣地構築を開始したのは七月十一日であったと記述している(37)。当時の新聞では、満洲国外務局が下村信貞特派員を通じヴァシリー・クヅネツオフ（Василий Васильевич Кузнецов）哈爾濱ソ連総領事代理に抗議した越境日は七月十二日だったと報じている(38)。このようにソ連国境警備兵の越境日には諸説あるが、その後のモスクワでの外交交渉では、日本代表はソ連国境警備兵の越境日を七月十一日として抗議していた(39)。

ではソ連国境警備兵が初めて張鼓峯に姿を現したのは七月九日、十一日、十二日のいずれだったのか。当時のソ連現地部隊の活動記録を確認する（図13参照）。

七月九日の活動記録は次のとおりである。

（前略）
国境警備兵によって張鼓峯を占領。グレベンニク大佐は張鼓峯の守備隊を歩兵一個中隊で強化するよう依頼した(40)。

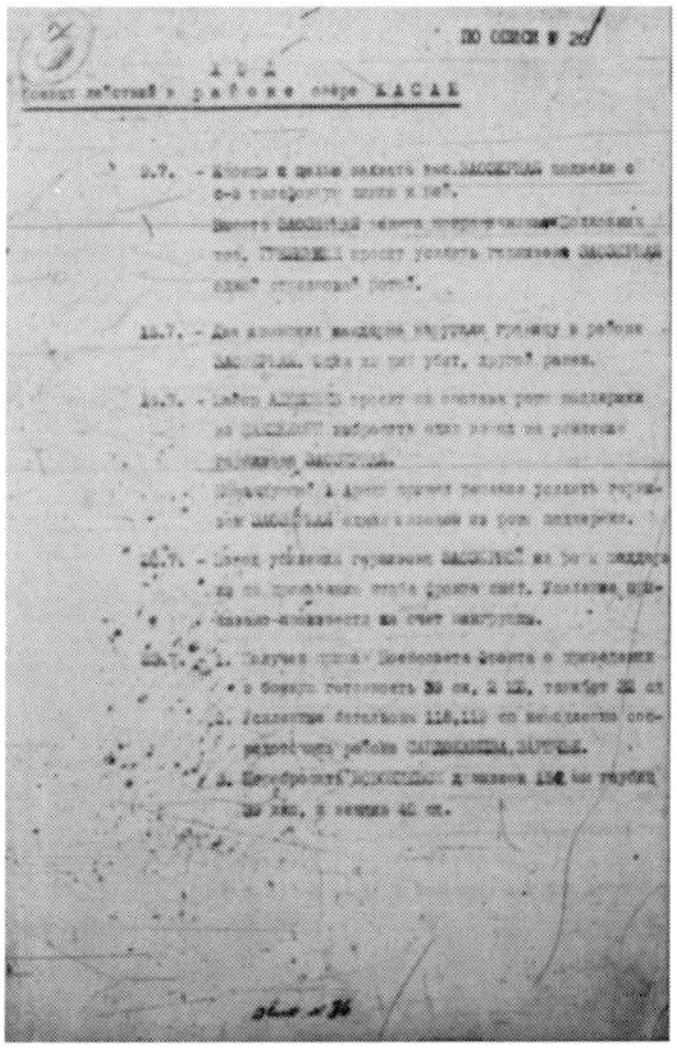

図13　ハサン地区におけるソ連部隊の活動記録

出典：РГВА Ф.35083. Оп.1. Д.69. Л.1（ロシア国立軍事公文書館所蔵史料。Фは Фонд、Оп は Опись、Д は Дело、Л は Лист の略）.

この記録では七月九日の次の活動記録は七月十五日になっており、七月十一日と十二日の記録はない。つまりこの史料は長年諸説あったソ連国境警備兵の高地進出、占領の日付を七月九日と確定するものである。同時に、日本は外交交渉の場で本来の越境日とは異なる日付でソ連側に抗議を行っていたことになる。

日本側の史料の中で、ソ連国境警備兵の越境という極めて重要な日付が食い違った理由として、当時の張鼓峯の天候が挙げられる。張鼓峯一帯は霧深く、七月初旬には濃霧に身を隠したソ連国境警備兵が工事を行っている音を現地住民が聞いており、霧の切れ目にその姿を確認した住民もいる[41]。こういった当時の住民の証言から、実際には七月九日に行われたソ連国境警備兵の越境の確認が、濃霧により遅れたと考えられる。

四　沙草峯事件から見る張鼓峯事件

張鼓峯事件における武力衝突のきっかけとなったソ連国境警備兵の沙草峯地区への進出（沙草峯事件）について、両国の史料を突き合わせながら分析を行い事件の発端を考察する。

沙草峯事件は、ソ連国境警備兵が七月二十九日に沙草峯地区へ進出したことで起こった武力衝突であるが、前日の

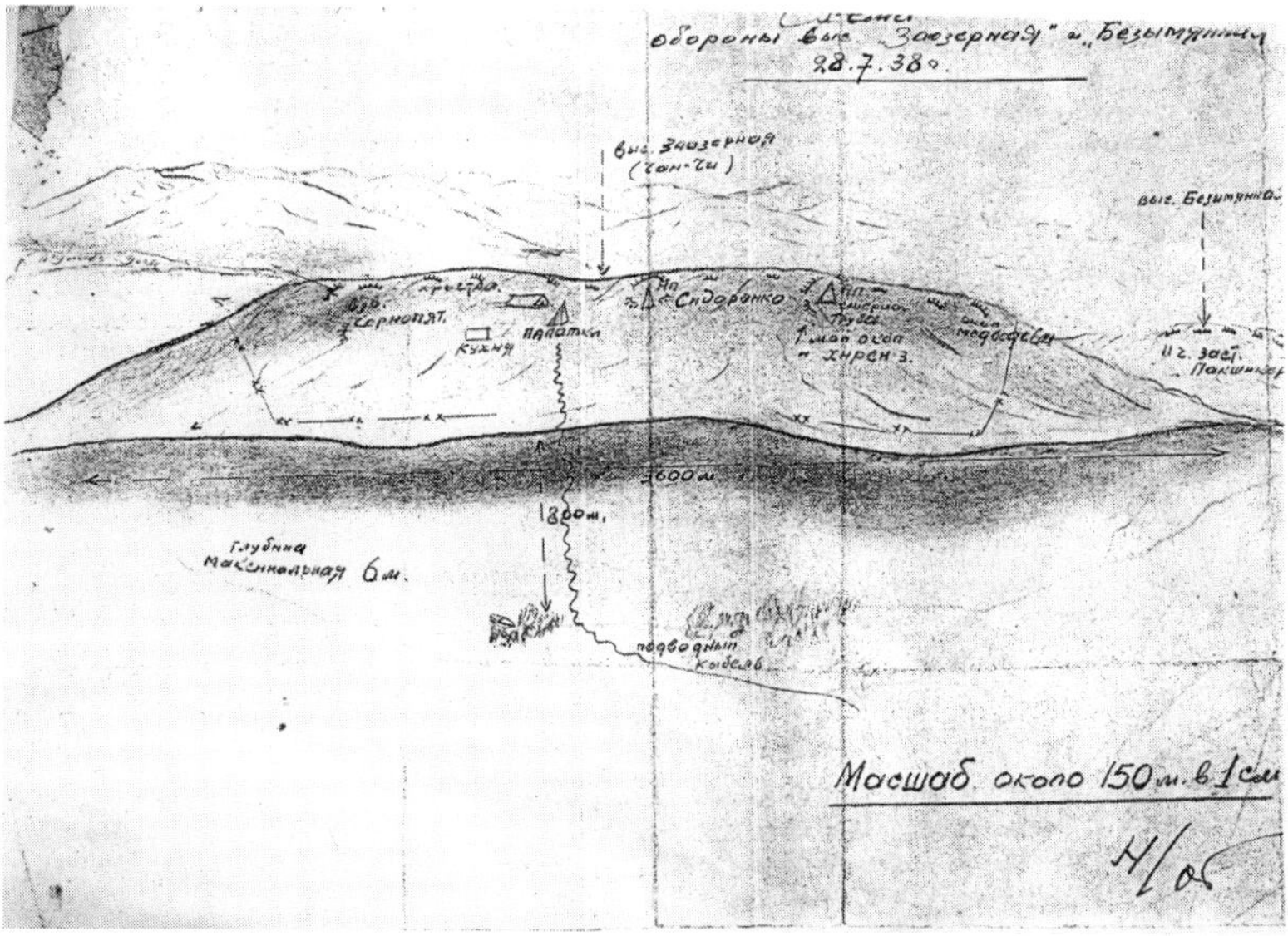

図 14　沙草峯事件前日のソ連国境警備隊の配置図
出典：ロシア連邦保安庁国境局極東地方支部博物館所蔵。

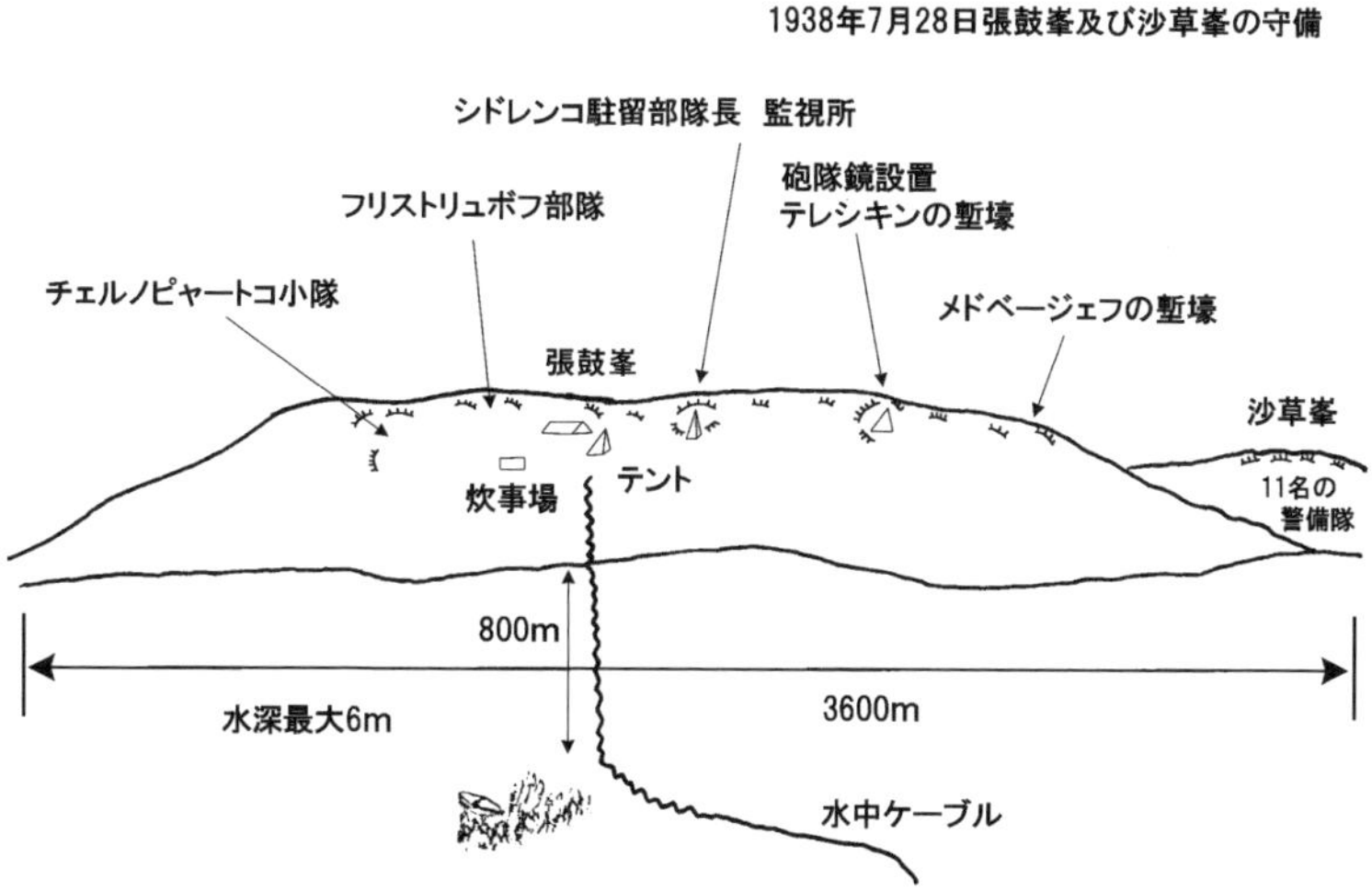

図 15　図 14 の日本語訳
図 14 を基に筆者作成。中央の 800 mが示すのは、ハサン湖を通る水中ケーブルの長さ（ハサン湖の幅）と思われる。

図16　ソ連国境警備隊部隊長

左からイワン・チェルノピャートコ下士官、エフィム・シドレンコ上級中尉、ピョートル・テレシキン上級中尉。

出典：Яковец А. П. *ПОДВИГ НА ГРАНИЦЕ 75лет военному конфликту у озера Хасан 1938-2013.* Владивосток. 2013. С. 31, 42.

ソ連国境警備隊の配置図を確認すると、七月二十八日には既に沙草峯に一一名の国境警備兵が配置されていたことが窺える(42)（図14、15参照）。

また張鼓峯については、稜線に沿って本格的な陣地が構築されていたことが記されている。同図（図14）は、一九六〇年代前半に参戦者ピョートル・テレシキン（Пётр Фёдорович Терешкин）（図16参照）が描いたものであるが、当時既に前線にいたはずのソ連軍の姿は描かれていない。

ソ連軍が描かれていない理由については、二つの可能性が指摘されている。一つは、テレシキンが「国境警備兵の配置」を描くことを依頼されたためソ連軍を描かなかった、という指摘。もう一つは、一九六〇年代前半は、まだソ連軍が前線にいたこと自体が秘密事項だったため描かなかった、という指摘である(43)。

さらに付け加えれば、ソ連軍は本当はいなかったという可能性も指摘できるであろう。

ソ連軍が描かれていないとはいえ、沙草峯事件前日のソ連国境警備隊の配置については「張鼓峯の向こう側」が明らかになったといえる。

そして翌二十九日、沙草峯事件が勃発する。沙草峯事件の分析を明確化するために、沙草峯事件の起こりを簡潔に整理する。

七月二十九日午前、沙草峯南方高地でソ連国境警備兵数名が工事を開始した。これは「たとえソ連側の主張にしたがったとしても」(44)約三五〇ｍの越境であった。これを受け、尾高師団長は越境警備兵を攻撃すると共に後方に兵力を集めるよう命じた。

日本軍は撃たれない限り発砲しないことと、敵を敗走させたら直ちに撤収することを部下に命じて前進し、越境警備兵を撃退した。

日本軍はその後不要な衝突を避けるため撤退したが、夕方からソ連軍の歩兵が前進してきて、国境線を約五〇〇ｍ越え陣地を構築した。

以上の流れを見ると、明らかにソ連側に非があるように思えるが、両国の文献から再検討を試みる。

まず、なぜこの地域にソ連国境警備兵が進出したのかという疑問が生じる。ソ連国境警備兵が越境した理由については、クックスがいくつかの推測を示している。

ア　日本軍との真空状態（空白地帯）を埋めるために前進してきた

イ　日本軍の実力を過小評価して悪のりした

ウ　狂信的な現地司令官がどこまで前進できるか試した

エ　張鼓峯を占領しても日本軍が静観したためさらに前進してきた(45)

これらはいずれも、決定的ではないが一定程度納得できる推測ではある。現在こうした推測が日本の研究で受け入れられているが、ロシアの文献を考察するとその意図が明確になる。

七月九日にソ連国境警備隊が張鼓峯を占領した際、日本は外交交渉を優先する一方、万が一に備え兵力を正面に集中させた。その後、日本軍は撤収し始めたが、七月二十九日にはまだ撤収は完了しておらず、ソ連の現地部隊はいずれ近いうちに日本軍が張鼓峯の奪回作戦を実行すると考えていたのである。(46)

そのため、ソ連国境警備隊は張鼓峯の守備を強化しようとし、張鼓峯の右翼を見渡せる沙草峯南方高地に陣地を構築するため部隊を派遣したのである。(47)

では、この時、司令官はいかなる命令を下達していたのだろうか。もし命令で越境が許されていたのであれば、張鼓峯事件の武力衝突の原因をソ連国境警備隊と断定することができる。この点についてもソ連側の文献で明らかにされている。七月二十九日ブリュヘル元帥は現地部隊に次の命令を出した。

「張鼓峯北部のソ連領土内にいる日本兵を撃滅せよ。ただし越境は禁ず。(48)」

張鼓峯北部とは沙草峯南方である。ブリュヘル元帥は越境を禁じていたのである。この命令については、ソ連国境警備隊にも伝えられており、他のソ連軍参戦者も後に語っていることから、実際に下達されていたと思われる。(49)するとここで非常に興味深い事実に突き当たる。日ソ両部隊は沙草峯地区での行動に、先制攻撃や越境の禁止など大きな制限を設け、慎重な姿勢で臨んでいたにもかかわらず、結果として大規模国境紛争へと突入してしまったのである。

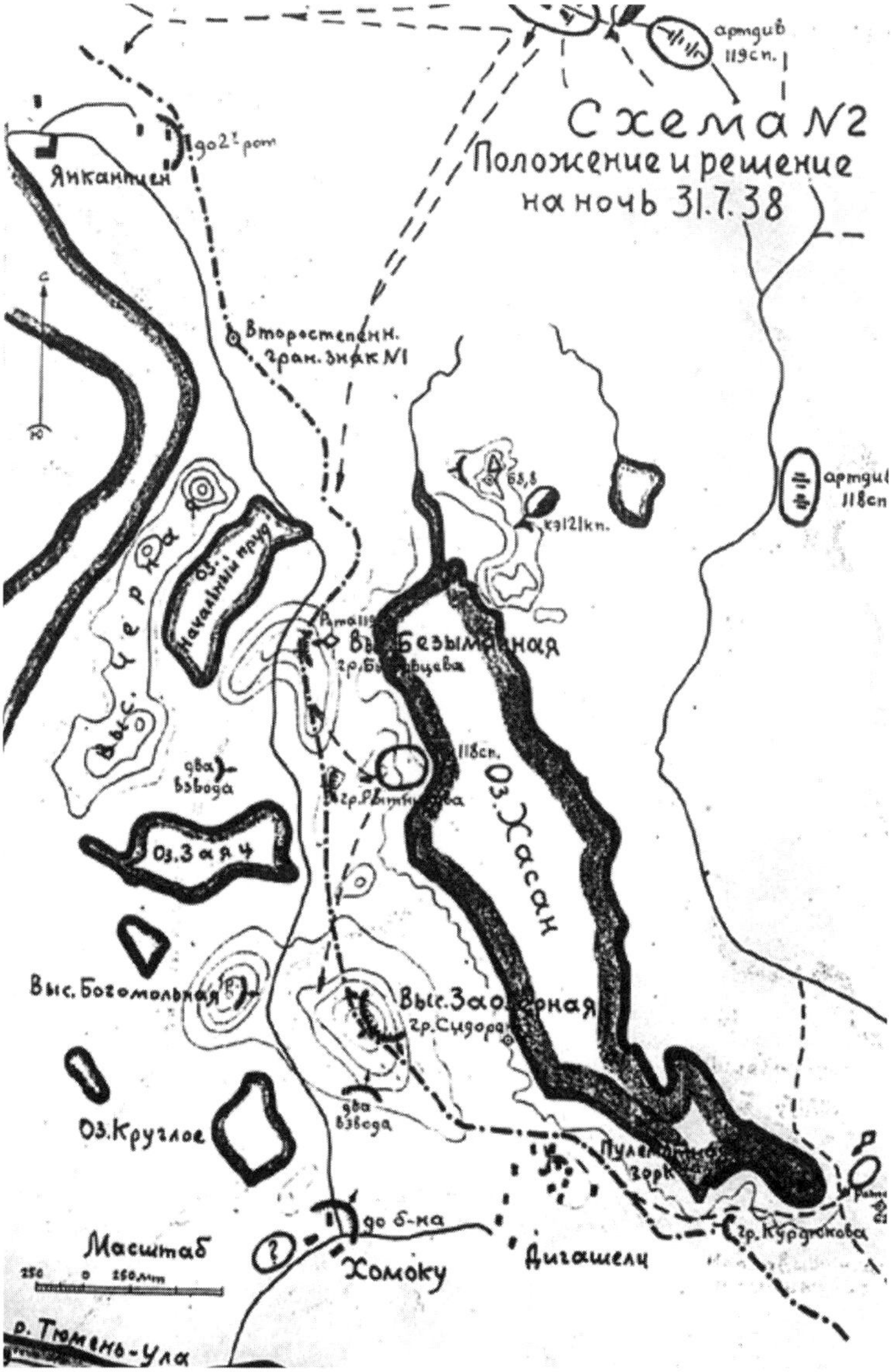

図 17　1938 年 7 月 31 日深夜のソ連軍活動要図

当時のソ連軍の国境線認識が沙草峯、沙草峯南方高地、張鼓峯など一帯の高地群の稜線を通っていることがわかる。

出典：アレクサンドル・ヤコベーツ提供。

また同時に新たな疑問も生じる。越境を禁止されていたソ連国境警備兵が、果たして三五〇ｍも国境線を越えるだろうか。当時の参戦者の話では、命令を忠実に守ったことで前進に支障をきたしていたことが語られており、命令を無視していたとは考えにくい[50]。

この点については、日本の先行研究の見直しで理解したい。実は三五〇ｍの越境を「たとえソ連側の主張にしたがったとしても」と述べたのはクックスである[51]。しかし、日本の一次史料を確認すると「国境線より少くも三百五十米不法侵入[52]」とだけ記されており、ソ連の主張から見た国境線という根拠は確認できない。クックスがどういった経緯でこの国境線をソ連側の線と理解したのかは不明であるが、当時の日本軍が何の但し書きもなくソ連側の主張する国境線を基準にして史料を作成するとは思えない。なによりもソ連は連なる高地群の稜線を国境線として理解していたのだから、これを三五〇ｍも超越したならば、高地の頂上部を越えて満洲国側の斜面に大きく下っていたことになる（図17参照）。つまりこの三五〇ｍとは日本の国境線認識に基づいた距離だったと考えるべきなのである。

こうした再検討から筆者が導く仮説は、ソ連国境警備隊にとっては自国領土内での活動であったが、国境線認識の差から日本軍にとってそれは三五〇ｍの越境だったということである。そうであれば、誠に平凡な答えに行き着くが、武力衝突の発端は国境線認識の差異であったということになる。

註

（1）Гречко А. А. *СОВЕТСКАЯ ВОЕННАЯ ЭНЦИКЛОПЕДИЯ*. Т. 8. Москва. 1980. С. 367.

（2）アルヴィン・Ｄ・クックス『もう一つのノモンハン　張鼓峯事件　１９３８年の日ソ紛争の考察』（以下『もう一つのノモンハン　張鼓峯事件』と表記）岩崎博一・岩崎俊夫訳（原書房、一九九八年）二四頁。

（3）同右。防衛庁防衛研修所戦史室『戦史叢書27　関東軍（1）　対ソ戦備・ノモンハン事件』（以下『戦史叢書27　関東軍（1）』と表記）

（朝雲新聞社、一九六九年）三三七頁。

（4）『戦史叢書27　関東軍（1）』三三七頁。

（5）同右、三四二頁。稲田正純「ソ連極東軍との対決——張鼓峰・ノモンハン事件の全貌秘録——」（『別冊　知性　秘められた昭和史』河出書房、一九五六年）二七九頁。

（6）クックス『もう一つのノモンハン　張鼓峯事件』三一頁。

（7）秦郁彦『明と暗のノモンハン戦史』（PHP研究所、二〇一四年）七二頁。秦は稲田正純の「威力偵察」論について、「やられたらやり返す」という日本軍らしい発想を正当化するためのセオリーとの見解を示している。

（8）Кошкин А. А. “На границе тучи ходят хмуро...” Резник Н. И. *На границе тучи ходят хмуро... (К 65-летию событий у озера Хасан)*（以下 *На границе тучи ходят хмуро.* と表記）.Москва. 2005. С. 116.（筆者試訳）

（9）『戦史叢書27　関東軍（1）』三四二頁。

（10）稲田「極東ソ連軍との対決」二七九—二八〇頁。

（11）Кольтюков А. А. “Вооруженный конфликт у озера Хасан: взгляд из XXI века (вместо предисловия)”. *На границе тучи ходят хмуро.* С. 11.

（12）Там же. С. 11-12.

（13）Там же. С. 11.（筆者試訳）

（14）КОМИССИЯ ПО ИЗДАНИЮ ДИПЛОМАТИЧЕСКИХ ДОКУМЕНТОВ ПРИ МИД СССР. *ДОКУМЕНТЫ ВНЕШНЕЙ ПОЛИТИКИ СССР*（以下 *ДВП СССР XXI.* と表記）.Т.21.Москва.1977. С. 433-434. “298.Телеграмма Народного Комиссара Иностранных Дел СССР в Полномочные Представительства СССР в Германии, Франции, США, Чехословакии, Италии, Китае, Японии, Турции, Афганистане, Иране, Греции, Финляндии, Эстонии, Латвии, Литве”（ドイツ、フランス、アメリカ、チェコスロバキア、イタリア、中国、日本、トルコ、アフガニスタン、イラン、ギリシャ、フィンランド、エストニア、ラトビア、リトアニアのソ連全権代表部へ宛てたソ連外務人民委員の電報。一九三八年八月十一日）（筆者試訳）.

（15）Там же. С. 433-434.（筆者試訳）

（16）稲田「極東ソ連軍との対決」二七八頁。

（17）『戦史叢書27　関東軍（1）』三四一頁。前段部分は稲田論文に加え別資料からも引用しているが、最も重要な「ソ軍の一部がこれを占領したとしても大局に影響はなかった」という点は、稲田論文の主張と合致する。

（18） 稲田「極東ソ連軍との対決」二七九—二八〇頁。稲田は、この地域が「せせこましい場所」であるため「せいぜい三師団か四師団しか使えぬ」「機甲兵団の運用に不便」と決定的な戦闘には至らないことを述べ、もしソ連が占領にこだわるなら「くれてやった所で大したことではない。要は一度叩いてみて、相手の出様を見さえすればいいのである」と張鼓峯の防衛よりも威力偵察の実施を優先させるべきだと述べている。

（19） 同右、二七七—二七八頁。

（20） 林三郎『関東軍と極東ソ連軍』（芙蓉書房、一九七四年）一一八頁。

（21） 陸軍省新聞班「張鼓峰事件の経緯」（内閣情報部編輯『週報』第九十三号、一九三六年七月）二三頁（国立公文書館所蔵）。

（22） 稲田「極東ソ連軍との対決」二七八頁。

（23） Кольтюков. указ. соч. С. 13.

（24） 『戦史叢書27　関東軍（1）』三四一頁。

（25） 同右。

（26） 秦『明と暗のノモンハン戦史』五八頁。

（27） 宮杉浩泰「昭和戦前期日本軍の対ソ情報活動」（『軍事史学』第四十九巻第一号、二〇一三年）一〇六—一〇七頁。同論文ではソ連国境警備隊の暗号を解読して得た情報に基づき、リュシコフ事件との関連性を指摘している。

（28） 中山隆志『関東軍』（講談社、講談社選書メチエ、二〇〇〇年）一八五頁。

（29） 平井友義『スターリンの赤軍粛清——統帥部全滅の謎を追う——』（東洋書店、ユーラシアブックレット、二〇一二年）五四頁。

（30） 角田順解説『現代史資料10　日中戦争（三）』（みすず書房、一九六三年）xxxiii頁。

（31） Катунцев И. В. "ИНЦИДЕНТ: ПОДОПЛЕКА ХАСАНСКИХ СОБЫТИЙ" *РОДИНА*. 67. 1991. С. 13-14. この説は、スチュアート・D・ゴールドマン『ノモンハン１９３９——第二次世界大戦の知られざる始点——』山岡由美訳・麻田雅文解説（みすず書房、二〇一三年）九二頁でも確認できる。同書は、張鼓峯事件について従来の日本の説と比較して新説を提示するものではないが、アメリカの資料に基づいた論考がロシアの論考と同様の説になっている点で注目すべき文献である。

（32） Там же. С. 13.

（33） 参謀本部『支那事変史特号　張鼓峯事件史草案』（以下『張鼓峯事件史草案』と表記）（一九三九年）三八頁（防衛省防衛研究所戦史研究センター所蔵）。

（34） Золотарев В. А. *Русский АРХИВ: Великая Отечественная: Приказы народного комиссара обороны СССР. 1937-21 июня 1941г.*

T. 13(2-1). Москва. 1994. С. 59.
（35）クックス『もう一つのノモンハン　張鼓峯事件』二〇頁。
（36）『戦史叢書27　関東軍（1）』三四五頁。一次史料である参謀本部『支那事変史特号　第一巻　張鼓峯事件史附表附図』附表第一（防衛省防衛研究所戦史研究センター所蔵）でも同じ月日が確認できる。
（37）稲田「極東ソ連軍との対決」一二七八頁。
（38）『東京朝日新聞』（一九三八年七月十五日）朝刊、二面。ただし、JACAR（アジア歴史資料センター）Ref. B02031259500（第5画像目）、満州国国境地方ニ於ケル紛争雑件／蘇満関係／張鼓峰事件（A-4-6-048）（外務省外交史料館）では、下村特派員が事件発生以前即ち七月十一日以前の状態に回復することを要求したという記録も確認できる。
（39）*ДВП СССР XXI*. Т.21.С.379-380.“264. Запись беседы Народного Комиссара Иностранных Дел СССР с Послом Японии в СССР Сигемицу”.（264. ソ連外務人民委員と重光葵在ソ連日本国大使との会談記録。一九三八年七月二十日）（筆者試訳）
（40）РОССИЙСКИЙ ГОСУДАРСТВЕННЫЙ ВОЕННЫЙ АРХИВ（ロシア国立軍事公文書館）. Ф. 35083. Оп. 1. Д. 69. Л. 1. 史料番号ФはФонд、ОпはОпись、ДはДело、ЛはЛистの略。（筆者試訳）
（41）『東京朝日新聞』（一九三八年七月十六日）朝刊、三面。
（42）同配置図は、ロシア連邦保安庁国境局極東地方支部博物館（ロシア語ではМузей пограничного управления ФСБ России по Приморскому Краю. 英語ではThe museum of the border guard department of the federal security service of Russia of Primorye territory）所蔵。公文書館ではなく博物館所蔵資料のため資料番号はない。
（43）ヤコベーツへのインタビュー。
（44）クックス『もう一つのノモンハン　張鼓峯事件』八六頁。
（45）同右、九〇頁。クックスは、ソ連軍とソ連国境警備隊を明確に区別していないが、沙草峯事件で最初に進出してきたのはソ連国境警備隊である。
（46）Шкадов И. Н. *ОЗЕРО ХАСАН. ГОД 1938*. Москва. 1988. С. 21-22. 七月からの「日本軍の集結」とその後日本軍が「この地域での挑発を企図」しているとの文脈から判断できる。
（47）Гундырин М. А. “Пограничники - герои хасанских боев (к событиям на озере Хасан)” *На границе тучи ходят хмуро*. С. 74.
（48）Душенькин В. В. *От солдата до маршала*. Москва. 1964. С. 215.
（49）Яковец Л. А. *ПОДВИГ НА ГРАНИЦЕ 75 лет военному конфликту у озера Хасан 1938-2013*. Владивосток. 2013. С. 24. 同文献で

ブリュヘル元帥の命令が、国境警備隊にも下達されていたことが示されている。Катунцев И. В. указ. соч. С. 14.

（50）Катунцев И. В. указ. соч. С. 14. 参戦者シャロノフ（Шаронов）とステジェンコ（Стеженко）の証言。二名とも越境が禁止されていたことが前進することを大きく妨げたという主旨の発言を行っている。

（51）クックス『もう一つのノモンハン　張鼓峯事件』八六頁。

（52）『張鼓峯事件史草案』一七頁。

第三章　外交交渉

張鼓峯事件勃発のきっかけとなったソ連国境警備兵の越境に対して、日本陸軍参謀本部は「張鼓峯事件処理要綱」を策定した。これはノモンハン事件の直前に関東軍が策定した「満『ソ』国境紛争処理要綱」とは異なり、まずは外交でソ連政府に抗議し、外交交渉によってソ連に撤兵させることを第一としていた。

両要綱の違いは、次のとおりである。

「張鼓峯事件処理要綱」（一九三八年七月十四日）

一　日満両政府ヨリ強硬ニ抗議シ外交々渉ニヨリテ徹《ママ》兵セシムルヲ要ス

二　外交接衝ノ状況ノ悪化万一ニ即応ノ為所要ニ応シ兵力ヲ事件正面ニ集中ス
　所要ノ兵力ハ朝鮮軍司令官ノ隷下部隊トス

三　実力行使ハ中央ノ指令ニヨル(1)

「満『ソ』国境紛争処理要綱」（一九三九年四月二十五日示達）（抜粋）

一　軍ハ侵サス侵サシメサルヲ満洲防衛ノ根本基調トス之カ為満「ソ」国境ニ於ケル「ソ」軍（外蒙軍ヲ含ム）ノ

不法行為ニ対シテハ周到ナル準備ノ下ニ徹底的ニ之ヲ膺懲シ「ソ」軍ヲ慴伏セシメ其ノ野望ヲ初動ニ於テ封殺破摧ス

三　国境線ノ明瞭ナル地域ニ於テハ我ヨリ進ンテ彼ヲ侵ササル如ク厳ニ自戒スルト共ニ彼ノ越境ヲ認メタルトキハ周到ナル計画準備ノ下ニ十分ナル兵力ヲ用ヒ之ヲ急殲滅ス右目的ヲ達成スル為一時的ニ「ソ」領ニ進入シ又ハ「ソ」兵ヲ満領内ニ誘致、滞留セシムルコトヲ得

此際我カ死傷者等ヲ「ソ」領内ニ遺留セサルコトニ関シ万全ヲ期スルト共ニ勉メテ彼ノ死体、俘虜等ヲ獲得ス

四　国境線明確ナラサル地域ニ於テハ防衛司令官ニ於テ自主的ニ国境線ヲ認定シテ之ヲ第一線部隊ニ明示シ無用ノ紛争惹起ヲ防止スルト共ニ第一線ノ任務達成ヲ容易ナラシム而シテ右地域内ニハ必要以外ノ行動ヲ為ササルト共ニ苟モ行動ノ要アル場合ニ於テハ至厳ナル警戒ト周到ナル部署トヲ以テシ万一衝突セハ兵力ノ多寡、国境ノ如何ニ拘ラス必勝ヲ期ス(2)

二つの要綱の比較から明らかなように、張鼓峯事件当時の日本はノモンハン事件の時のような断固たる態度ではなく、外交による平和的解決を優先していた。つまり張鼓峯事件発生当初の日本にとって、外交交渉が非常に重要な役割を果たしていたといえるのである。

そこで事件当時(一九三八年七月十五日から八月二十一日)のソ連外交文書(3)を使用し、日ソ両国が外交交渉を開始した日から事件が終結するまでの一連の交渉を明らかにする。その上で両国の主張や要求を分析し、事件の外交的側面を考察する。

第一節　外交交渉の開始

一　日ソ両国の反応

七月九日に発生したソ連国境警備兵の張鼓峯への越境に関して、七月十五日モスクワで外交交渉が行われた。この時が張鼓峯事件における外交交渉の始まりである。日本側は西春彦代理大使、ソ連側は外務人民委員部のストモニャコフ次官が交渉に当たった。(4)

七月十五日付のソ連外交文書の出だしは次のとおりである。

七月十四日の夜、西代理大使は私に会談を申し出た。彼は非常に粘ったが（大使館から六回も電話をしてきた）私はリトヴィノフ外務人民委員との合意に基づき本日七月十五日に延ばした。(5)

日本側が前夜六度も会談を申し込んだ様子が記載されており、日本が会談の設定を急いでいたことが窺える。ストモニャコフ次官は翌十五日に会談を設定したが、「リトヴィノフ外務人民委員との合意に基づき」という文脈から、なんらかの意図があって会談日を翌日に設定したことが読み取れる。会談を翌日に延ばした理由については具体的に記載されていないため、真意は明らかでないが、延期の合意相手として名前が出ているリトヴィノフ外務人民委員は七月十五日の交渉には参加していない。このため両者の単純な日程調整だったとは考えにくい。いずれにしてもソ連側の都合で七月十五日に外交交渉が設定された様子が明らかになった。

会談では、まず西代理大使が「七月十一日午後からソ連兵が満洲国領土の張鼓峯に押し入り大規模で組織的な工事を開始した。ソ連兵は現在約四〇名いる」と述べ、ソ連国境警備兵の撤退を求めると共に、「撤退に応じなかった先に起こり得るすべての責任はソ連側にある」[6]と伝えた。

これに対しストモニャコフ次官は「国境付近における新しい情報は持ち合わせていない」と回答し、「現地の誤った情報が日本政府に伝えられており、このような状況（引用者註—満洲国が日本へソ連国境警備兵の越境を伝える状況）下で、ソ連国境警備兵は一度も越境したことはない」[7]と反論した。

ストモニャコフ次官がこうした強気な発言をした理由は、過去の日ソ国境画定問題に起因している。具体的な例として挙げているのが、同じく満ソ国境紛争として外交交渉を行った金廠溝事件である。

金廠溝事件は一九三六年一月二十九日、満洲国密林県の金廠溝で満人将校以下一〇八名が兵変を起こしソ連領へと遁走したことに端を発する事件である。

この時も日本政府とソ連政府は国境線認識で対立したのである。この事件については、同年二月二十一日に委員会を設置し現地調査を実施することになり、日満政府とソ連政府が同数の委員を出して委員会を構成することで合意した。しかしその直後の三月二十五日に長嶺子事件、四月九日に綏芬河《すいふんが》東方事件が発生したため国境画定委員会の設置は頓挫してしまった[8]。この時の国境画定委員会の設置については、日満ソが合意済みだったにもかかわらず、その後の混乱で立ち消えになってしまったのである。

しかしストモニャコフ次官は西代理大使に対して、共同委員会での国境についての話し合いから日本はいつも逃げており、金廠溝事件の際も日本が共同委員会の設置を避けたと述べた。そして、これは日本に分が悪いと考えているからで、共同委員会から逃げた姿勢こそが、日本側に国境問題の原因がある証拠だと主張した。[9]

これに対して西代理大使は、共同委員会は日本が提案したがソ連が拒否したのでソ連にも分が悪いところがあり、こうした過去の委員会の話を根拠にソ連が一度も満洲国領土へ侵入したことがないと主張することはできないと反論を行った。[10]

外交交渉で一九三六年の金廠溝事件を持ち出し、双方が互いに共同委員会設置を拒否したと主張している点は非常に興味深い。

なぜならば、過去の小中規模国境紛争が張鼓峯事件と繫がっていることを両者の主張が顕著に表しているからである。一般的に張鼓峯事件がノモンハン事件へと繫がったと認識されているが、張鼓峯事件自体も過去の国境紛争と密接に繫がっていたのである。

結果としてこの会談では、ストモニャコフ次官が何ら情報を持ち合わせていないため極東当局に問い合わせ、事実関係を確認後、日本側に回答することを約束し終了することになった。[11]

この時の会談では、日本側は明確に張鼓峯を満洲国領土だと主張したのに対して、ソ連側は張鼓峯が自国領であるとは一言も述べていない。むしろ外交文書からは、極東当局からの情報がなく現地部隊の越境については承知していないソ連側が、日本からの突然の抗議に驚いているといった印象さえ受けるのである。

こうしてソ連側が越境の事実確認を約束したことで、第一回交渉は終了することになった。そして同日中に第二回交渉が実施されるのである。

二　松島朔二憲兵伍長殺害に対する抗議

七月十五日、五二高地西南麓を偵察中の松島朔二憲兵伍長が、ソ連国境警備兵の射撃を受け殺害される出来事があり、情勢が一気に緊迫した。[12]この件に関しては、松島憲兵伍長と他二名がソ連側から不法射撃を受けたと当時の新聞でも報道されているが、松島憲兵伍長死亡、一名負傷とだけ伝えられており最後の一名の生死については報道されていない。[13]

日本ではこの件に関して、七月十五日の交渉で西代理大使がストモニャコフ次官を訪問し厳重に抗議したとされている。[14]しかしソ連外交文書によると、訪問時点では西代理大使は一連の出来事について一切承知しておらず、実際はモスクワでの二回目の交渉中にソ連側から射撃の情報を伝えられ、その場で抗議していたのである。[15]

ソ連外交文書によれば七月十五日の二回目の交渉はかなり遅くまで行われており、深夜二時ごろに外務人民委員部のアブラムスキー[16]（Абрамский）がソ連国境・国内警備総局からの報告を伝えにきた。報告を受けたストモニャコフ次官は、西代理大使に〝日本人三名〟が国境を越えて侵入し、銃撃戦の末一名死亡、一名負傷、一名が行方不明であると伝えた。[17]この時のソ連側の報告では松島憲兵伍長の名前はまだ出ておらず、西代理大使は〝松島憲兵伍長〟の殺害ではなく〝日本人〟の殺害について抗議したのである。[18]

ソ連側からこの報告を受けた西代理大使は「新しい事件について承知した。非常に驚いている」[19]と発言していることから、ソ連側の情報によって初めてこの情報に接したことが確認できる。

七月十五日の二回目の会談は、西代理大使が松島憲兵伍長ら三名の死傷について抗議するためにストモニャコフ次官を訪ねたのではなく、実際はストモニャコフ次官が一回目の交渉の際に約束した、越境に関する極東当局からの回答を伝えるために西代理大使を呼んだのである。

日本側が松島憲兵伍長の名前を出して事件に言及したのは、七月二十日の重光葵大使とリトヴィノフ外務人民委員との会談の時が初めてである。[20]

三　日本の抗議とポーツマス条約

外交交渉を考察していくと、西代理大使がソ連国境警備兵の越境についてソ連側に抗議した背景には、ただ国境線を越えたという理由だけではなく、政治的・外交的理由が伏在していたことが窺える。西代理大使は、一回目の交渉の序盤「日本政府は非常に関心を持っている。なぜならば紛争地が朝鮮国境に近いからだ[21]」と述べている。これだけでは意味が伝わらなかったようで、この時のストモニャコフ次官は反応を見せなかったが、二回目の交渉の際、彼はその意図をはっきりと理解する。つまり日本はポーツマス条約第二条に対する懸念を有していたのである。

ポーツマス条約第二条は次のとおりである。

第二条
露西亜帝国政府ハ、日本国カ韓国ニ於テ政事上、軍事上及経済上ノ卓絶ナル利益ヲ有スルコトヲ承認シ、日本帝国政府カ韓国ニ於テ必要ト認ムル指導、保護及監理ノ措置ヲ執ルニ方リ之ヲ阻害シ又ハ之ニ干渉セサルコトヲ約ス
韓国ニ於ケル露西亜国臣民ハ他ノ外国ノ臣民又ハ人民ト全然同様ニ待遇セラルヘク之ヲ換言スレハ最恵国ノ臣民

又ハ人民ト同一ノ地位ニ置カルヘキモノト知ルヘシ
両締約国ハ一切誤解ノ原因ヲ避ケムカ為露韓間ノ国境ニ於テ露西亜国又ハ韓国ノ領土ノ安全ヲ侵迫スル事アルヘキ何等ノ軍事上措置ヲ執ラサルコトニ同意ス(22)

一般的に張鼓峯事件は、満ソの係争地に端を発する日ソ国境紛争と捉えられているが、すぐ西側に朝鮮が控えている地理的条件を考慮すると、日本はソ連の張鼓峯進出が、ポーツマス条約第二条で認められていた朝鮮に対する日本の軍事・経済上の「卓絶なる利益」を脅かし、朝鮮領土の「安全を侵迫する軍事上の措置」に該当する可能性があると考えていたのである。確かに張鼓峯からは朝鮮領内を見渡せるため、日本にとっては満ソの国境問題だけではなく、朝鮮に対する脅威も深刻だったのである。

一方でストモニャコフ次官は、日本もポーツマス条約に違反する行為を再三にわたり行っているため、ポーツマス条約を引き合いに出すことはむしろ日本にとって不利な状況を招くと警告している(23)。具体的にどのような違反を行ったのか指摘していないが、おそらく満洲における日本の一連の行為を指摘するものであろう。日本側はこれ以降ポーツマス条約を引き合いに出すことはない。

張鼓峯事件では、日本は満洲国だけではなく朝鮮に対しても大きな懸念を抱いていたのである。

第二節　国境線認識の再検討

一　従来の日本の国境線認識

張鼓峯事件は、事実上張鼓峯の頂上部をめぐる武力衝突になるが、事件の発端と背景をより正確に把握するために、日本とソ連のこの地域における国境線認識を整理しておく必要がある。

従来の日本の研究では、この地域は国境不明確で、三つの国境線解釈があったとされている。[24] 一つ目は一八八六年の「琿春界約による国境線」、二つ目は一九一五～二〇年の「東三省陸軍測量局発行地図による国境線」、三つ目は一九一一年のロシア参謀本部発行地図及び一九〇九年の中国軍作成地図による国境線（以下「露国参謀本部発行地図による国境線」と記す）である[25]（図18、図19参照）。

当初日ソ両国は、互いにこの地域への配兵を避けるなどの配慮をしていたが、日本の満洲国建設とソ連の第二次五カ年計画による極東地域の開発強化に伴い、両国は国境線の画定に次第に注意を払い始めたのである。[26]

こうした複数の国境線解釈の存在により従来の日本の先行研究では、張鼓峯周辺を「三つの国境線により国境不明確」としてきたのである。

二　日ソ両国の国境線認識と琿春界約

日本の定説である「三つの国境線により国境不明確」という主張が、実際の外交交渉ではどのように取り扱われた

図18　日本側で主張されてきた張鼓峯付近満ソ国境線図（1952年編纂）
出典：第一復員局『張鼓峯事件』二丁右、挿図第一。

張鼓峯付近満ソ国境要図

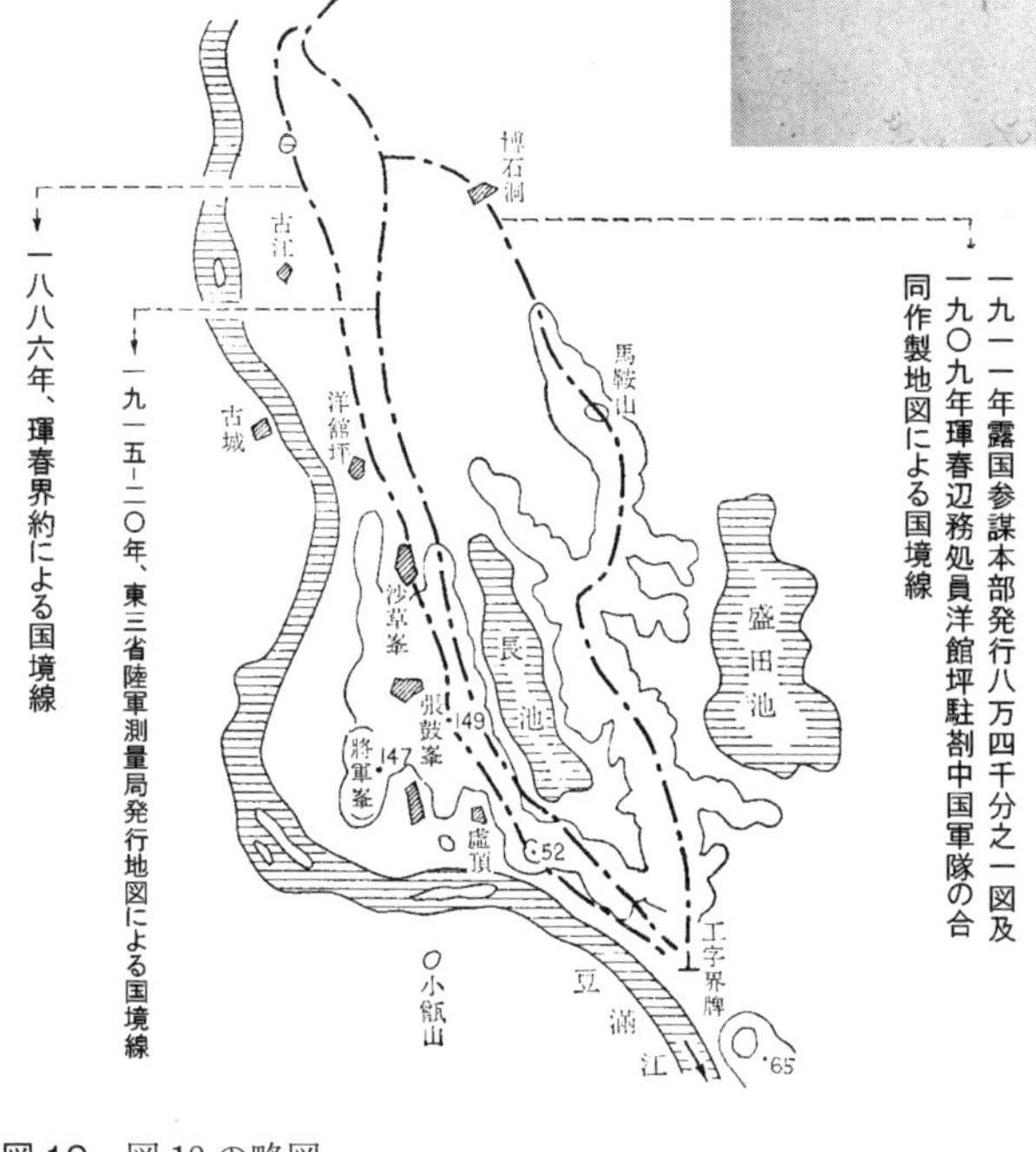

図19　図18の略図
出典：防衛庁防衛研修所戦史室『戦史叢書27　関東軍（1）　対ソ戦備・ノモンハン事件』（朝雲新聞社、1969年）340頁。挿図第四十五。

のか、またソ連がどのような国境線認識を示したのかを考察する。

前述のとおり、七月十五日に二回目の会談が行われた。この二回目の外交交渉における日ソ両国の主張から国境線認識について考察を行っていく。

外交交渉における日本の主張を整理すると、従来の定説であった「三つの国境線」や「国境不明確」の認識について西代理大使は一度も主張を行っていない。ソ連もまた三つの国境線認識どころか国境不明確という認識にすら一切触れておらず、日ソ両国が従来の定説に基づいた議論を行っていないのである。[27]

この二回目の交渉からソ連は琿春界約による国境線を主張し始める。[28] ストモニャコフ次官は、ソ連極東当局が満洲国への越境を否定したという回答を西代理大使に伝えると共に、琿春界約とそれに付属する帝政ロシアと清国の代表によって署名された地図を提示して、ソ連の国境線認識の正当性を主張したのである[29]（図20参照）。

ストモニャコフ次官に地図上の国境線を見せられた西代理大使は、「満ソ国境問題については、満洲国が決めることであり日本が決めることではない。しかし日本と満洲国には国境に関して完全なる同意がある（中略）。この地図は今問題となっている場所（引用者註―張鼓峯）について説明するものではない。（中略）日本政府がソ連に占領された場所を調査した結果、この場所は満洲国領土だと確信しており、ソ連が満洲国に入ったことは疑いようがない。（以下省略[30]）」と反論を行う。

この反論に対し、ストモニャコフ次官は西代理大使の主張に大きな矛盾があると指摘する。「西代理大使は自分に都合が悪い時には、日本は満ソ国境問題には関係がないといいながら、利害関係が出てくると日満の国境に関する合意を強調し満ソ国境線に関与を強めようとする発言を行っている[31]」と鋭く指摘し、非難するのである。

この西代理大使の矛盾する発言は、ソ連側に琿春界約の附属地図を提示されたことによって、交渉における立場が

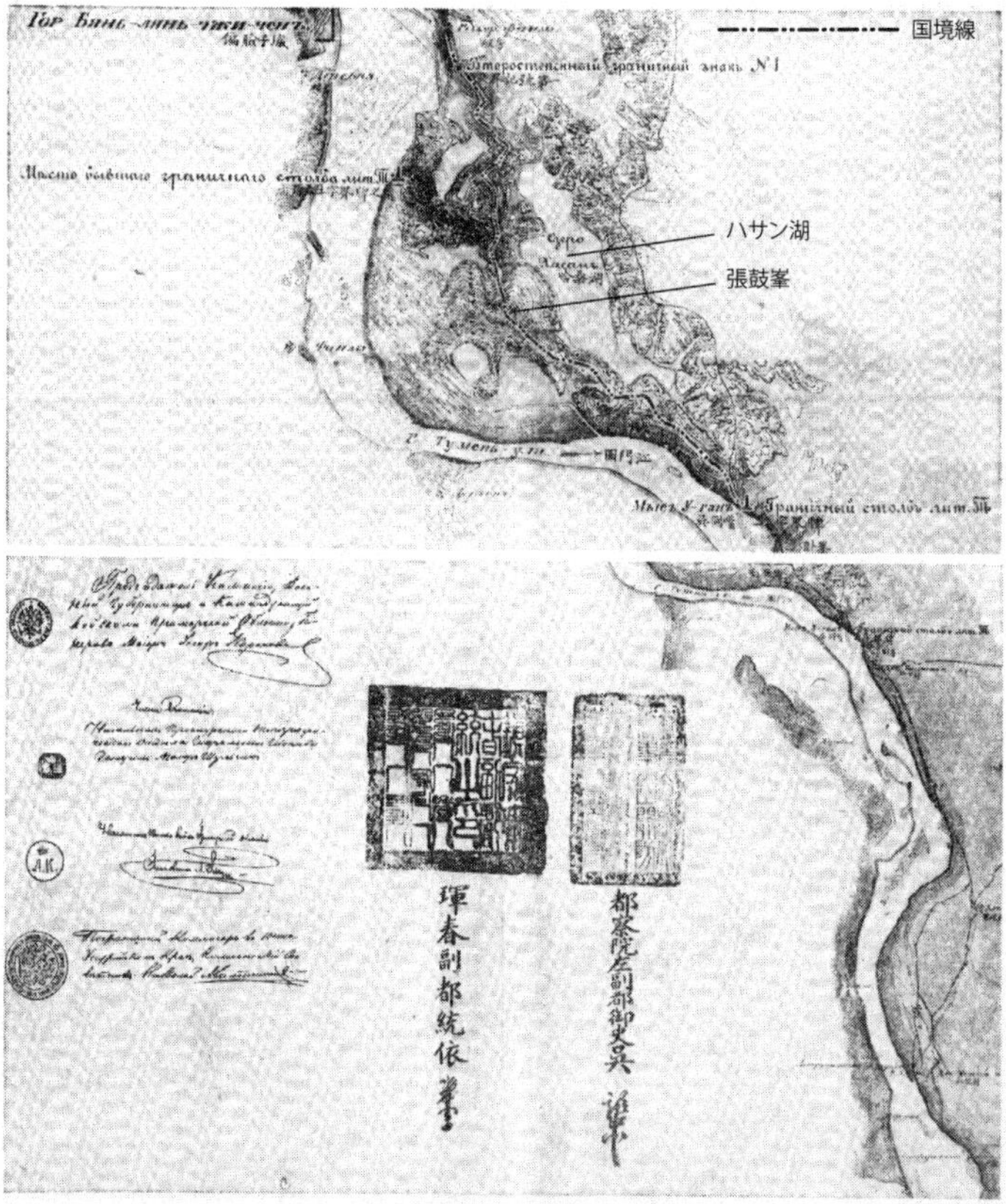

図 20　1938 年 7 月 15 日の外交交渉でソ連側が提示した琿春界約附属地図
国境線、ハサン湖、張鼓峯の説明は筆者記入。
出典：ИЗВЕСТИЯ（1938 年 8 月 3 日）.

苦しくなったことを表すものであろう。

二回目の交渉では、ソ連は琿春界約とその附属地図に基づいて明確に国境線認識を主張するのに対し、日本側はソ連国境警備兵が進出した場所が満洲国領土だとただ主張するのみで、根拠を示さないどころかこれまで定説とされてきた三つの国境線の存在や張鼓峯周辺が国境不明確だという主張すら一切行っていなかったのである。

三　日本の国境線認識の真相――三つの線から二つの線へ――

これまでの日本の定説から見ても、張鼓峯周辺に三つの国境線認識があることや一帯が国境不明確であることを、日本が外交交渉の場で一度も主張しなかったことは不可解である。そこで当時の史料を基に三つの国境線を再検討する。

日本の三つの国境線については、一九五二（昭和二十七）年に第一復員局が作成した史料に記載されている地図が、その後日本の各研究書に引用されている。[32] つまり戦後の史料が定説となっているのである。

また三つの国境線認識の内、西側の「琿春界約による国境線」以外の二つの線は、軍当局によって引かれた線である。東側の「露国参謀本部発行地図による国境線」と中央の「東三省陸軍測量局発行地図による国境線」のどちらも国家間で公式に締結されたものではない[33]（図18、図19参照）。当然これら二つの国境線は条約的根拠を持たず[34]、ソ連側に対して正当性を主張できるものではない。そうであれば日本が本当に一帯を国境不明確と認識していたのか疑問である。

事件当時（一九三八年七月）内閣情報部が発行した『週報』の中で、陸軍省新聞班は、張鼓峯周辺の国境線認識は三つではなく二つだったと記しており、地図を掲載している[35]（図21、図22参照）。

東側の国境線「露版地図ニ依ル国境線」は、図18、19で示した「露国参謀本部発行地図による国境線」と同じであり、西側の国境線「琿春界約ニ依ル線」も図18、19で示した「琿春界約による国境線」と同様である。そして、図21、22には図18、19で示されていた「東三省陸軍測量局発行地図による国境線」は記されていない。

また同資料では、琿春界約の条文は、露文と支那文（漢文）でその解釈が異なることを指摘している。その上で、露文による条文は解釈によっては満ソ国境線上に張鼓峯が屹立していることも認めている。[36] つまり図21、22の「琿春界

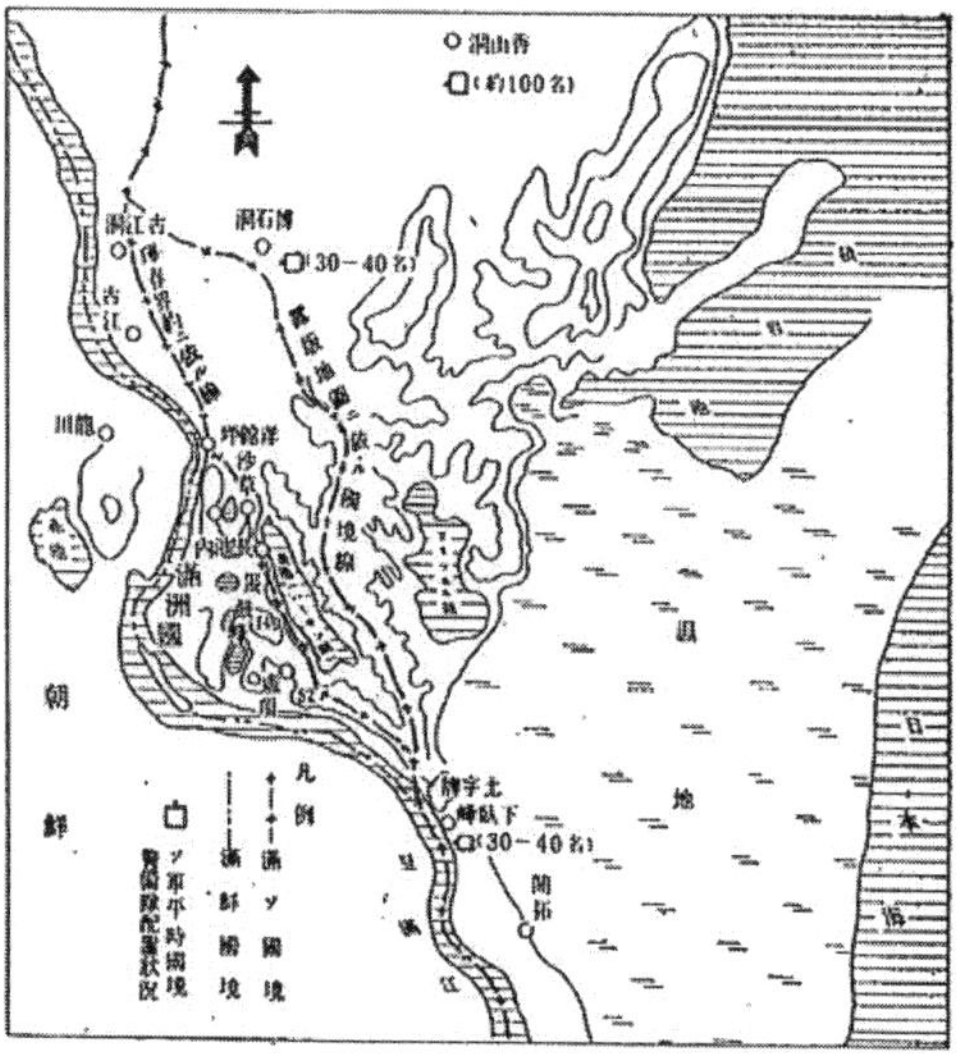

図 21　陸軍省新聞班の国境線認識（1938 年 7 月）
出典：陸軍省新聞班「張鼓峰事件の経緯」（内閣情報部編輯『週報』第 93 号、1938 年 8 月）22 頁（国立公文書館所蔵）。

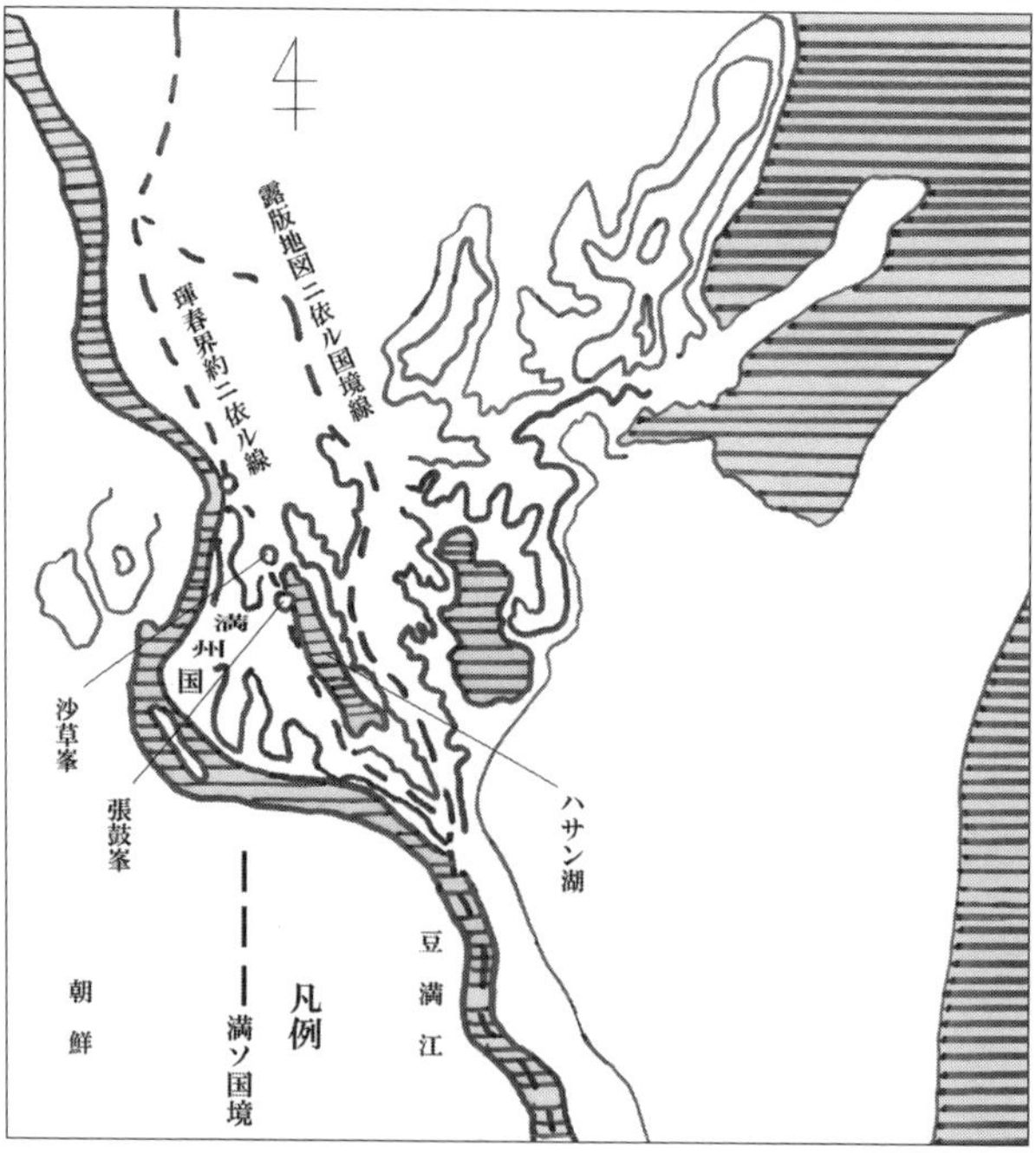

図 22　図 21 の略図
本略図は図 21 の国境線の配置を明確にするため筆者が作成。

約ニ依ル線」は地図上に表記されてないが、条文の解釈によっては二つの線が存在するということになる。
また同資料の記述から、日本の国境線認識が地図上の二つの線の内「琿春界約ニ依ル線」に基づいていたことも読み取れるのである。[37]
事件当時の陸軍省新聞班の資料により、当時の日本は三つではなく二つの国境線を把握しており、その二つの国境線の内、琿春界約を国境線と認識していたことが明らかになった。

四　日本の国境線認識の真相――二つの線から一つの線へ――

「三つの国境線」から「二つの国境線」へと減り、さらに日本がこの二つ国境線の内、琿春界約を国境線と認識していたことが明らかになった。

しかしそうであれば、外交交渉で琿春界約を明確に主張したソ連と意見が対立した理由がわからなくなる。

こうした疑問に対して、国境線認識をさらに明確に表しているのが、一九三八年八月の日本国際協会作成の地図である[38]（図23、24参照）。

日本国際協会の地図を確認すると図18、19で示した「露国参謀本部発行地図による国境線」は、一八六一年の興凱湖界約による国境線と重なり、そこには〝旧国境〟と記されている。[39]また、ここでも「東三省陸軍測量局発行地図による国境線」の記載はない。

西側の琿春界約の国境線には〝現国境〟と記されており、やはり日本の国境線認識が琿春界約に基づいていたことを示している。そしてその〝現国境〟はハサン湖の西側で二つに分かれている。すなわち、一つは沙草峯・張鼓峯・五二高地を結ぶ「露文に依る国境線」と記されている線で、これは外交交渉の場でソ連が地図（図20参照）を用いて主

図 23　日本国際協会の国境線認識（1938 年 8 月）
出典：「張鼓峯附近国境図」JACAR（アジア歴史資料センター）Ref. B02031259700（第 7 画像目）、満州国国境地方ニ於ケル紛争雑件 / 蘇満関係 / 張鼓峰事件（A-4-6-048）（外務省外交史料館）。

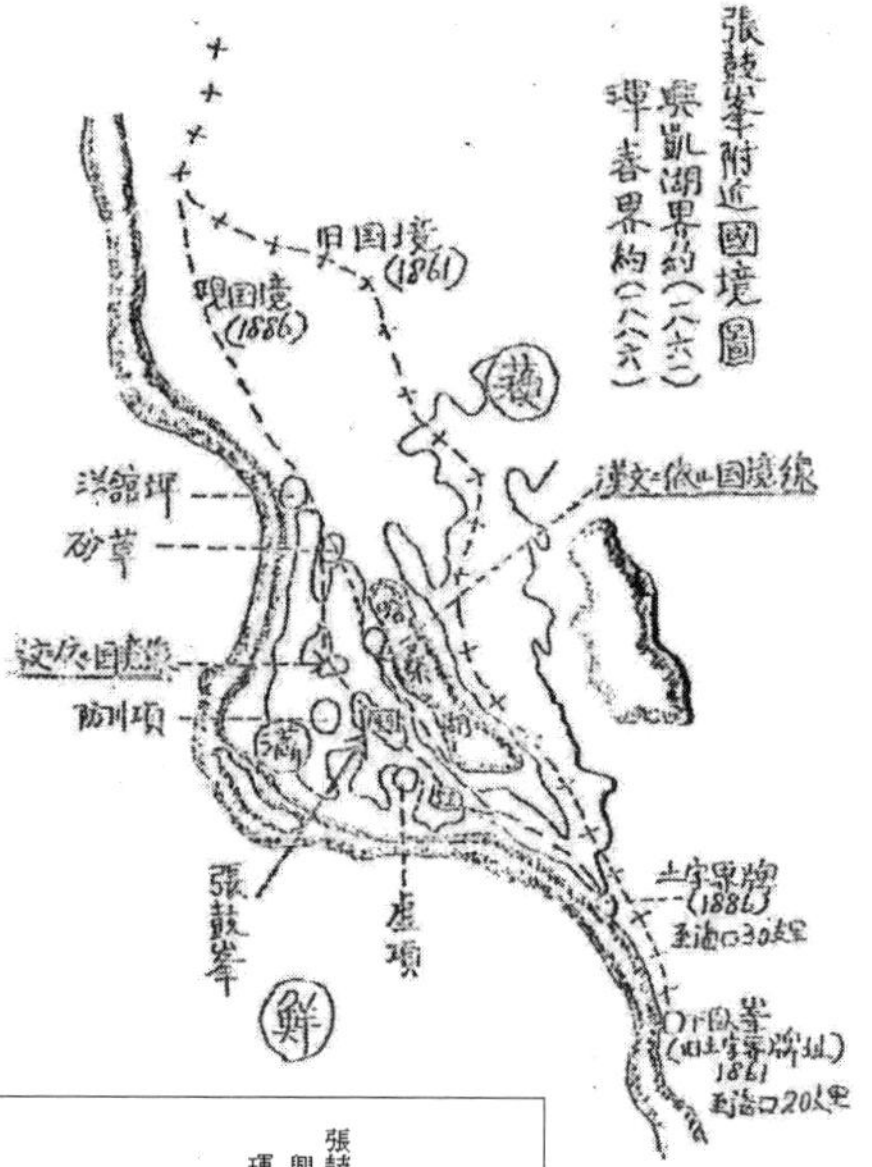

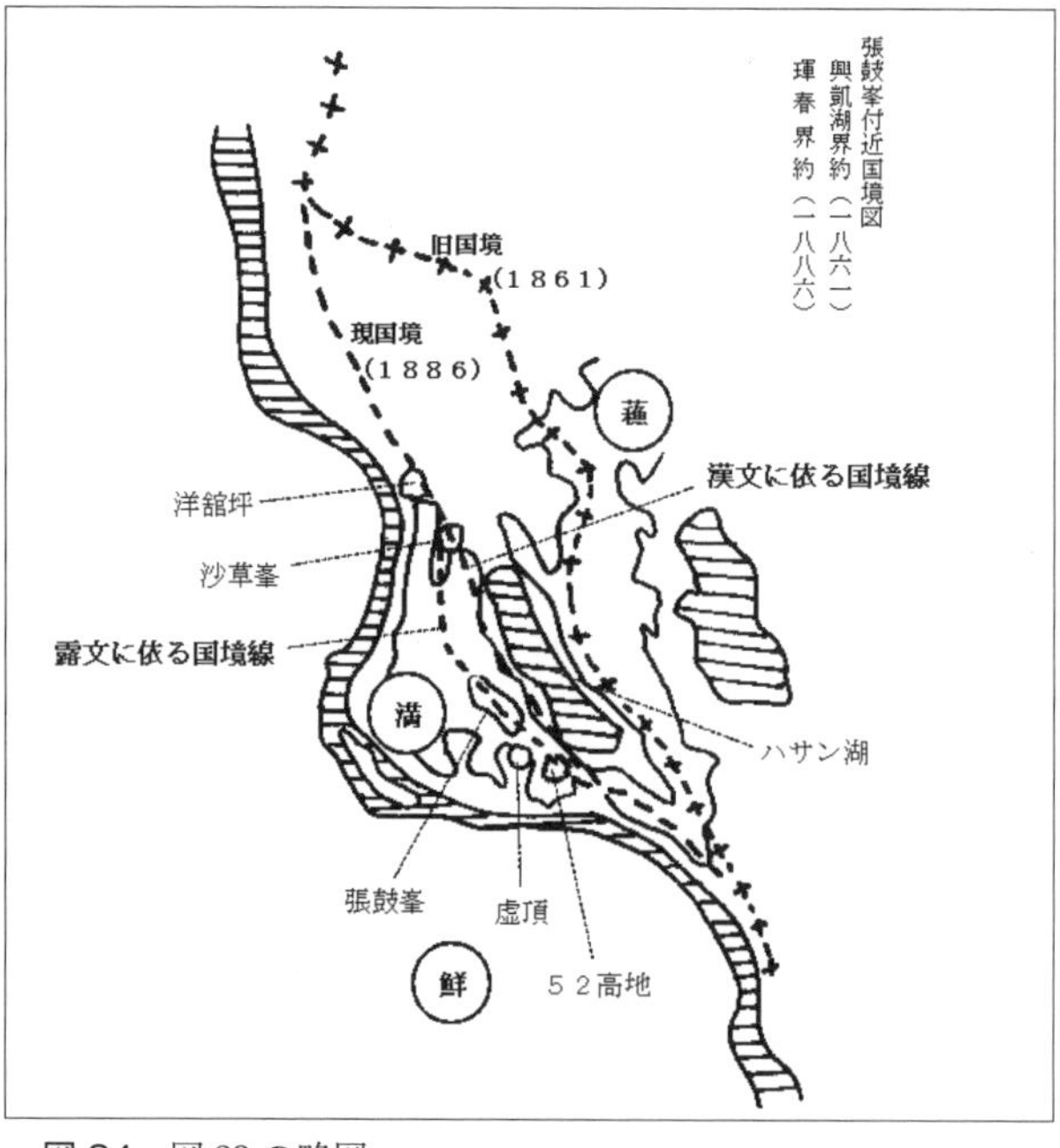

図 24　図 23 の略図
本略図は図 23 の国境線の配置を明確にするため筆者が作成。

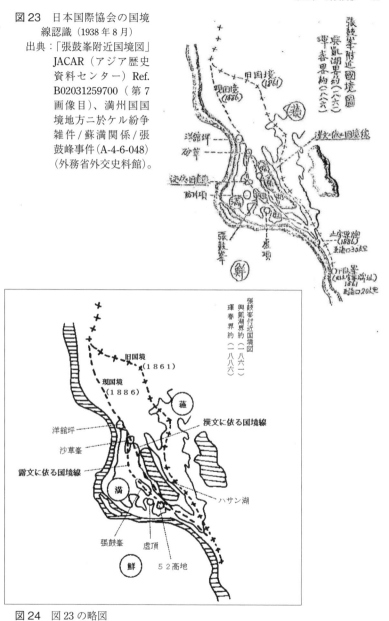

張した国境線と重なるものである。[40]もう一つが「漢文に依る国境線」と記されているハサン湖のすぐ西湖岸を通る線である。

この日本国際協会の地図は、日ソ両国の琿春界約の認識のずれを明確に表している貴重な地図である。このように琿春界約に両国別々の解釈が存在したことが、外交交渉で同じ琿春界約を基準とするはずの日ソ両国の主張がかみ合わなかった原因である。

「三つの国境線」という定説を作り上げてきた第一復員局の史料（図18）は一九五二年発行だが、陸軍省新聞班の資料（図21）及び日本国際協会の史料（図23）は一九三八年七〜八月発行であることから、張鼓峯事件当時の日本の認識をより正確に表しているのは後者の二つである。

これらの地図から、当時の日本の国境線認識は「三つの国境線により国境不明確」だったのではなく、明確に琿春界約を国境線と認識しており、さらに琿春界約の「漢文に依る国境線」を国境線と認識していたのである。

外交交渉では日ソ両国が琿春界約の漢文・露文二つの国境線認識に基づいて交渉を行っていたため、ソ連が琿春界約に基づく国境線を主張した際に日本が琿春界約そのものを否定したり、あるいは三つの国境線を主張することはなかったのである。

こうした国境線認識を整理した後に外交文書を確認すると、日本が琿春界約に認識を置いて主張している発言が見て取れる。七月二十日のリトヴィノフ外務人民委員との交渉の中で、重光葵大使は次のように述べている。

琿春界約の国境がハサン湖西側の岸に沿って北東に向かって伸びているという（引用者註―琿春界約の）本文には賛成である。これはロシア語でも中国語でもはっきりとしていることである。[41]

まさに日本も国境線がハサン湖の西側を通ることを最初から認識していたことを示す発言である。交渉の論点は、国境線が西側のどこを通っているかということだったのである。

五　日本の重複見本地図の行方

国境線が琿春界約であることは明らかになった。では、なぜ日本の西代理大使も重光大使もソ連側の地図に反論するために満洲国側の認識に基づく附属地図を提示し、議論を戦わせなかったのだろうか。

実際に七月十五日の会談の時点でストモニャコフ次官から「満洲国に重複見本があり、西代理大使のように熟達した外交官がその存在を知らないわけがない」[42]と、満洲国あるいは日本が所有する地図を確かめるように促されている。だが西代理大使も重光大使も、琿春界約の附属地図を見るのは外交交渉でソ連が提示した時が初めてであり[43]、その後も日本は重複見本地図の確認を行うことはなかったのである[44]。

その理由は、日本の手元に重複見本地図がなかったからである。清国が保有していたはずの重複見本地図は、一九〇〇年に起きた義和団事件の際に、その混乱の中で紛失したとされている[45]。

琿春界約の附属地図は一般に公表されているものではないため[46]、日本が清国で既に紛失されていた地図について知る由はなく、結果的に日本代表は外交交渉の場で初めて琿春界約の附属地図を見ることになったのである。

一方ソ連側も清国が重複見本地図を紛失し、日本（あるいは満洲国）が地図を引き継いでいないことなど知り得ない。いわば相手が知らないことを知らない状況で交渉を行っていたことになる。従って、ソ連は日本が重複見本地図を所有しており、張鼓峯がソ連領土だと知っていると確信していたのである。

このことは、七月二十五日にリトヴィノフ外務人民委員が各国のソ連全権代表部に宛てた電報からも明らかである。電報の中で次のように述べている。

日本が争う高地は、すべての条約と公式地図により、ソ連の領土であるということを日本は絶対に知っている。[47]

ソ連としては、日本が交渉で不利になるため意図的に地図の存在を隠し、自国に都合のいい国境線を導こうとしているという分析を行っていたのである。

第三節　停戦合意

一　日本の停戦提議

七月二十日、日ソ間の外交交渉は旅行先の北欧から帰任した重光葵大使とリトヴィノフ外務人民委員の直接交渉に移る。[48]日本は張鼓峯事件を外交交渉で解決することを優先していたため、七月十一日以前の原状回復を目的としていた。

七月十九日、宇垣一成外相は重光大使に訓令を発している。その内容は、国境線確定や松島憲兵伍長の件はしばらく棚上げし、とりあえずソ連の撤兵で解決を図ることであった。[49]重光大使はこの訓令に従い、リトヴィノフ外務人民委員との交渉に臨むのである。

図25　リトヴィノフ外務人民委員
出典：Мещеряков Н. Л. *Малая Советская Энциклопедия.* Т. 6. Москва. 1937. колонка 331.

交渉ではまず重光大使が、琿春界約に「国境線がハサン湖西側に沿って伸び、砂丘の北端に達している」と記載されており、日本側資料の調査結果としてその国境線はハサン湖の西湖岸を通っているため、張鼓峯の頂上は満洲国領土であるとの認識を示す。さらに「毎年この高地で地元住民が宗教的儀式を行っている」ことも証拠の一つとして挙げている。その上で「満洲国側の資料だけを根拠として今すぐ国境線を決めようとはいいたくない。それは二ヵ国の資料を基にして将来行われるべきことだ」と述べ、ソ連国境警備兵の撤退と日ソどちらの兵力もなかった七月十一日以前の状態へ戻すことを求めた[50]。

リトヴィノフ外務人民委員は、ストモニャコフ次官が西代理大使に琿春界約とその附属地図について調べるように伝え、重光大使からよい返事が聞けると思っていたにもかかわらず、従来どおり張鼓峯は満洲国領土だという主張を行っていることを遺憾とする[51]。また、日本がどういった資料を調査したのか説明できなければ、主張は受け入れられないと述べる一方、日本が根拠とする資料を提出すれば喜んで調査すると、資料の要求とも取れる発言をする。これに対し、重光大使はどういった資料を調査したのかは回答しない[52]。重光大使は、「ソ連が琿春界約の附属地図をまるで国際法的根拠として主張しているが、この地図はこれまで一般に公表されていないため、このような緊迫した状況下でなにかの地図について話すことは得策ではなく、ただ事態を複雑化するだけである[53]」と切り返す。

リトヴィノフ外務人民委員は、重光大使の一連の主張は証拠となる資料を示していないため根拠薄弱と切り捨て、地図が一般に公表されていないという主張に対しては、「国家間での取り決めがすべて世の中に公表されるわけではなく、日本にも少なからず秘密条約があるはずで、地図が公表されていないから効力を持たないなどという主張はあり得ない」と強い様子で反論する。同時に「重光大使のような経験豊富な外交官が公式地図を〝なにかの地図〟と呼び、軽視して取り扱うことに最高度の驚愕」を表明している。[54]また、ソ連側が公式資料を示しているのに対して、一切根拠を示さずに抗議を続ける重光大使の主張については、「もしソ連が満洲国のある場所から日本軍に出て行ってください、後で我々がどちらの領土か調べますから、といったら日本はどんな返事をするだろうか[55]」と述べ、痛烈に批判する。

ここまでの両国の交渉を整理すると、日本側は本国の指示どおりソ連国境警備兵の撤退を要求するのと同時に、日ソどちらの軍も姿を現さなかった七月十一日以前の状態に戻すことを主張したが、その主張は宗教的儀式の慣例やはっきりと示すことのできない〝資料〟に基づいており、いずれもソ連が納得できるものではなかった。これらの主張に対するソ連の反発は強いものがあり、[56]ここでも日本が難しい交渉に臨んでいたことが窺える。

なお、訓令では松島憲兵伍長の件については棚上げするという方針であったが、この交渉の終盤で、重光大使は松島憲兵伍長の殺害についてその名前を出して「抗議する」と述べている。ただし、「この件についての断固たる抗議声明を出す全権を与えられているが、今後の具体的な要求を出す時まで取っておく」と続け、ソ連側に要求を出すことはしていない。[57]難しい交渉の中で、重光大使の複雑な胸中を読み取れる発言であろう。

結果としてソ連は、日本の原状回復の提案には応じなかったのである。[58]こうして交渉がまとまらない中、現地では七月二十九日にソ連国境警備兵が沙草峯地区に進出し、ついに大規模な軍事衝突へと至るのである。

日本側が交渉における不利な状況を覆すことができなかったことで、軍事衝突を回避できなかったことは事実である。

二　ソ連の譲歩

日ソ両軍の激戦の最中、八月四日の交渉で重光大使は「両国の敵意ある行動を終わらせ、交渉による問題の調整」を行うことを提案し、停戦と交渉による平和的解決の模索を試みる。ソ連側は停戦については平和的な手段として反対はしないが、国境線の変更には一切応じず日本軍の撤退が必要としてこの提案を拒否する。(59)

一方これまで日本側が主張してきた七月十一日以前の原状回復について、リトヴィノフ外務人民委員は、原状回復とは七月二十九日を示していると主張し、ここでも日ソ両国の主張は対立する。(60)

こうして外交交渉がまとまらない間に日ソ両軍の戦闘は激しさを増していき、八月六日から九日にかけてのソ連軍の攻撃は特に激烈を極めた。

八月七日に外務人民委員部を訪れた重光大使は、再び停戦を提案する。この時は停戦合意時点の場所に両軍が留まるという提案を行うが、それではより有利な状況を作ろうとして戦闘が激化することが予想されるとして、リトヴィノフ外務人民委員は再び提案を拒否する。(61)

八月十日、重光大使は日本軍のみ一km撤退しソ連軍は現在線を維持することを提案する。(62) この提案が意味するところは、とにかく武力衝突を終わらせて、その後に平和的手段で国境線の画定を行いたいということである。この提案はソ連側に受け入れられ、日本軍が一方的に一km撤退し、ソ連軍は現状に留まることで停戦合意に達した。(63)

しかしその後、日本大使館にリトヴィノフ外務人民委員から電話が入り、日本軍のみの一km撤退という合意について、「日本だけが一方的に撤退する必要はない」と突然譲歩し日本側を驚かせた。(64) この譲歩により、八月十一日正午に軍事行動を停止し、両軍共に八月十一日午前〇時時点の占領線に留まることになったのである。

なぜ一度は双方が合意した日本軍の一㎞撤退という条件に、クレムリンが譲歩したのであろうか。その理由は諸説ある。重光大使は後に「ソ連軍は八月十日には既に日本軍を撃退し、張鼓峰の頂上を回復しており、ソ連側が国境と主張する線に到達していた。ソ連軍は既に国境の守備を完《まっと》うしたということになるので、これ以上進出の意向を持っていないということを明らかにしたかったのであろう」(65)と推測した。

他方、日本外務省の推測は次の四つであった。

（イ）日本側ニ一粁後退ヲ要求スルモ日本軍ハ此ノ実施ヲ肯《ガエ》ンセス為ニ事態ノ逆転センコトヲ「ソ」側カ虞《オソ》レタルニ依ルトノ説

（ロ）日本軍カ一粁後退シテ停戦カ纏リタル以上停戦前ハ日本軍ハ非常ニ「ソ」領内ニ進撃シ居タリシ筈ニシテ「ソ」軍ハ国境ヲ完全ニ守リタリトノ「ソ」側宣伝ト矛盾シ悪印象ヲ国民ニ与フヘキコトヲ「ソ」側ハ虞レタルニ依ルトノ説

（ハ）「ソ」側中央部ハ張鼓峰ハ完全ニ奪回シ日本軍ハ完全ニ国外ニ追放セラレタリトノ「ブリュッヘル」ノ報告ヲ信シ既ニ「ソ」軍ニシテ張鼓峰上ニ在ル以上日本軍ヲ更ニ一粁後退セシムルノ要ナシト考ヘタルニ依ルトノ説

（ニ）嘗《カツ》テヨリ極東ニ於ケル「ブリュッヘル」ノ実力増大ヲ危険視シ「ブ」ヲ陥ルル口実ヲ探シツツアリタル「スターリン」ハ張鼓峰奪回ノ旨ノ「ブ」ノ報告ニ疑問ノ余地アリタルヲ好機トシ日「ソ」軍ヲ八月十日夜半ノ現在線ニ止メ停戦シ其後直ニ「シユテルン」ヲシテ現地ヲ踏査セシメ張鼓峰奪回ノ「ブ」ノ報告カ果シテ真ナリヤ否ヤヲ調査セシメント欲セル為ナリトノ説（然シテ実地踏査ノ結果「ブ」ノ報告偽ナリシ為「ブ」ハ監禁セラレタルナリトノ説(66)）

さらに、先行研究では、関東軍と大本営が三個師団と歩兵一個連隊を国境近くへ送る処置を取り、日本海軍が連合艦隊を集結させて三海峡方面で巡邏警戒を行ったことにより、兵站の大部分を海上輸送に依存していたソ連が海上連絡線に不安を抱き、停戦合意に翻ったとする分析もある。(67)

このように日本には推測や史料に基づく仮説が複数存在するが、どれがソ連の真意だったのか不明であった。だが、この点についてリトヴィノフ外務人民委員は世界各国のソ連全権代表部に宛てた電報（八月十一日に）の中で、その理由を述べている。

現在の部隊の配置に満足であるため、我々は両国が占領している状態で両国の部隊を残したまま、軍事行動を停止することを提案した。(68)

これは、ソ連側が自国の主張する国境線を確保できたと考えていたことを示している。つまり停戦合意後にソ連が譲歩した理由としては、重光大使の推測と外務省の三つめの推測がソ連の実状を的確に捉えていたのである。日本の史料に基づけば、実際は日本軍が張鼓峯の大部分を占領していたことになるが、なぜリトヴィノフ外務人民委員が大部分を占領していると判断し譲歩したのかについては、第七章で検討することにする。

三　国境画定委員会設置交渉

八月十一日正午の停戦に続き、十三日には戦死者の遺体交換も行われ、張鼓峯事件は一応の解決を見た。(69)しかし国境線についてはまだ両国の見解に相違があり、国境線画定については外交問題として扱われることとなった。[70] 八月二十一日、重光大使はリトヴィノフ外務人民委員に満ソ国境画定委員会の設置についての提案を申し入れるが、[71] 実際にこの委員会が設置されることはなかった。

委員会設置に至らなかった具体的な理由としては、一般的に文書の形式に関してソ連側は日ソ間の条約とすることを主張し、日本側は単なる了解事項として文書にまとめることを希望したためだとされており、事務折衝の段階で意見が対立したとされている。[72]

八月二十一日付のソ連外交文書には、重光大使とリトヴィノフ外務人民委員との交渉が記録されている。交渉で重光大使は国境画定委員会について話を切り出し、リトヴィノフ外務人民委員は重光大使の提案についていくつかの質問をする。その後この国境画定委員会が、何を基準にして作業を行うのかはっきりさせるべきだと切り出し、リトヴィノフ外務人民委員は「国境画定委員会の作業は帝政ロシアと清国の代表が署名した協定と地図を基本とする」ことを主張した。重光大使はすぐに「及び、他の資料」という文言を付け加えることを求める。しかしリトヴィノフ外務人民委員は、その「他の資料」が一体どういったものなのか不明であるとして提案を拒否する。重光大使はここでも日本が所有する資料について詳細を明らかにしていない。[73]

琿春界約と附属地図のみを作業の基本としたいソ連と、独自の資料を委員会の作業基本に加えたい日本の思惑がぶつかり合い両国とも譲らない。

その後のリトヴィノフ外務人民委員の主張を整理すると、琿春界約と附属地図を国境画定委員会の作業基本とし、日本が使用を求める「他の資料」については、採用するか否かを同委員会で正しく議論し調べるということである。しかし重光大使としては、日本の資料を採用するかどうかは琿春界約と附属地図（ソ連側資料）を基本とする委員会が決定するため結局は採用されない、という結果が目に見えていたのである。

交渉は合意に達することなく、重光大使がリトヴィノフ外務人民委員の回答を東京へ伝えることを承諾するに留まる。

委員会設置交渉の決裂は、最終的に協定の形式という問題もあったが、一連の交渉過程を考察すると、その前段階として、委員会設立に当たっての基本資料の相違も大きな原因であったといえる。ソ連側の条件を受け入れれば、日本にとって国境画定委員会はソ連の主張を確認するだけの存在となってしまい、設置する意味がなかったのである。

註

（1）角田順解説『現代史資料10　日中戦争(三)』(みすず書房、一九六三年) xxxiii 頁。

（2）関東軍参謀部第一課『ノモンハン事件機密作戦日誌　第一巻』別紙第四「関作命第一四八八号別冊　満「ソ」国境紛争処理要綱」(防衛省防衛研究所戦史研究センター所蔵)。

（3）ソ連外交文書は КОМИССИЯ ПО ИЗДАНИЮ ДИПЛОМАТИЧЕСКИХ ДОКУМЕНТОВ ПРИ МИД СССР. *ДОКУМЕНТЫ ВНЕШНЕЙ ПОЛИТИКИ СССР* (以下 *ДВП СССР XXI.* と表記). Т. 21. Москва. 1977. に収録されている。本論文では張鼓峯事件に関係する一二の外交文書を使用した。

（4）*ДВП СССР XXI.* Т. 21. С. 362. “259. Запись беседы Заместителя Народного Комиссара Иностранных Дел СССР с Временным Поверенным в Делах Японии в СССР Ниси”. (259. ソ連外務人民委員代理と西春彦在ソ連日本国臨時代理大使との会談記録。一九三八年七月十五日)(筆者試訳)

（5）Там же. (筆者試訳)

（6）Там же. С. 362-363. (筆者試訳)

（7）Там же. С. 363. (筆者試訳)

（8）JACAR (アジア歴史資料センター) B02031355700 (第21、22画像目)、帝国議会関係雑件／説明資料関係第五巻 (A-5-2-017) (外務省外交史料館)。外務省欧亜局第一課『日「ソ」交渉史』(巌南堂書店、一九四二年) 三二三—三二四頁。防衛庁防衛研修

所戦史室『戦史叢書27　関東軍〈1〉　対ソ戦備・ノモンハン事件』（以下『戦史叢書27　関東軍〈1〉』と表記）（朝雲新聞社、一九六九年）三一四―三一五頁。

（9）*ДВП СССР XXI*. Т. 21. “259. Запись беседы”. С. 364.

（10）Там же.

（11）Там же. С. 363-364.

（12）参謀本部『支那事変史特号　第一巻　張鼓峯事件史附表附図』附表第一（防衛省防衛研究所戦史研究センター所蔵）。中村敏『満ソ国境紛争史』（改造社、一九三九年）二五三頁。

（13）『東京朝日新聞』（一九三八年七月十九日）夕刊、一面。

（14）同右。

（15）ДВП СССР XXI. Т. 21. С. 371. “260. Запись беседы Заместителя Народного Комиссара Иностранных Дел СССР с Временным Поверенным в Делах Японии в СССР Ниси”.（260. ソ連外務人民委員代理と西春彦在ソ連日本国臨時代理大使との会談記録。一九三八年七月十五日）（筆者試訳）

（16）Там же. アブラムスキーの名、父称は不明。

（17）Там же.

（18）Там же.

（19）Там же.（筆者試訳）

（20）*ДВП СССР XXI*. Т. 21. “264. Запись беседы”. С. 383.

（21）Там же. “259. Запись беседы”. С. 364.（筆者試訳）

（22）外務省編纂『日本外交年表竝主要文書　上巻』（原書房、一九三五年）二四五頁。

（23）*ДВП СССР XXI*. Т. 21. “260. Запись беседы”. С. 369.

（24）第一復員局『張鼓峯事件』（一九五二年）二丁、挿図第一（防衛省防衛研究所戦史研究センター所蔵）。『戦史叢書27　関東軍〈1〉』三四〇頁。

（25）アルヴィン・D・クックス『もう一つのノモンハン　張鼓峯事件　1938年の日ソ紛争の考察』（以下『もう一つのノモンハン　張鼓峯事件』と表記）岩崎博一・岩崎俊夫訳（原書房、一九九八年）五頁。

（26）同右、四頁。

（27）筆者は一九三八年七月十五日だけではなく、八月二十一日までのソ連側外交文書をすべて確認したが三つの国境線認識に関する主張は確認できない。
（28）*ДВП СССР XXI*. Т. 21. “260. Запись беседы”. С. 365.
（29）Там же. С. 365-366.
（30）Там же. С. 366-367.（筆者試訳）
（31）Там же. С. 369.（筆者試訳）
（32）同地図を引用している文献は『戦史叢書27　関東軍（1）』三四〇頁、クックス『もう一つのノモンハン　張鼓峯事件』五頁、林三郎『関東軍と極東ソ連軍』（芙蓉書房、一九七四年）一一九頁など多数。
（33）クックス『もう一つのノモンハン　張鼓峯事件』七頁。
（34）第一復員局『張鼓峯事件』一丁。
（35）陸軍省新聞班「張鼓峰事件の経緯」（内閣情報部編輯『週報』第九十三号、一九三八年七月）三一—三二頁（国立公文書館所蔵）。
（36）同右、二一頁。
（37）同右、二二頁。文中で日本の国境線認識がどちらかは明言していないが、琿春界約の支那文は「厳然たる条約文」であり、「事実に徹しても、張鼓峯は満洲国の勢力圏内」だと主張していることから琿春界約を国境線と認識していることが窺える。
（38）日本国際協会とは日本国際連盟協会の後身の協会である。日本国際協会の詳細については、池井優「日本国際連盟協会——その成立と変質——」（『法学研究』第六八巻二号、一九九五年二月）を参照。
（39）JACAR：B02031259700（第7画像目）、満州国国境地方ニ於ケル紛争雑件／蘇満関係／張鼓峰事件（A-4-6-048）（外務省外交史料館）。
（40）*ДВП СССР XXI*. Т. 21. “260. Запись беседы”. С. 365-366.
（41）Там же. Т. 21. “264. Запись беседы”. С. 381.（筆者試訳）
（42）*ДВП СССР XXI*. Т. 21. “260. Запись беседы”. С. 372.（筆者試訳）
（43）Там же. Т. 21. “287. Запись беседы Народного Комиссара Иностранных Дел СССР с Послом Японии в СССР Сигемицу”. С. 418.（287. ソ連外務人民委員と重光葵在ソ連日本国大使の会談記録。一九三八年八月四日）。八月四日の重光葵大使とリトヴィノフ外務人民委員との交渉の中で、重光大使は「あなた方が所有している地図を日本側は初めて見た」と後に認めている。（筆者試訳）

（44）Там же. С. 418-419. 会談の中でリトヴィノフ外務人民委員は「西代理大使にも重光大使にも琿春界約附属地図を見せ、重光大使は必要であればソ連側に地図のコピーを求め調査することもできたが、日本側は求めず越境という軍事行動を選んだ」と述べている。（筆者試訳）

（45）JACAR:B02031259700（第6画像目）。

（46）*ДВП СССР XXI*. Т. 21. “264. Запись беседы”. С. 381. 会談の中で重光大使は、琿春界約の附属地図は一度も公表されていないと述べている。（筆者試訳）

（47）*ДВП СССР XXI*. Т. 21. С. 390. “270. Телеграмма Народного Комиссара Иностранных Дел СССР в Полномочные Представительства СССР во Франции, Великобритании, США, Чехословакии, Германии, Турции, Китае, Финляндии, Литве, Эстонии, Латвии, Швеции, Афганистане, Иране”.（270. フランス、英国、米国、チェコスロバキア、ドイツ、イタリア、トルコ、中国、フィンランド、リトアニア、エストニア、ラトビア、スウェーデン、アフガニスタン、イランのソ連全権代表部へ宛てたソ連外務人民委員の電報。一九三八年七月二十五日）（筆者試訳）

（48）重光葵『重光葵外交回想録』（以下『外交回想録』と表記）（毎日新聞社、一九七八年）一七七—一七八頁。

（49）『東京朝日新聞』（一九三八年七月二十日）朝刊、二面。

（50）*ДВП СССР XXI*. Т. 21. “264. Запись беседы”. С. 379. 第二章第二節（三）でソ連国境警備兵の進出日には諸説あると指摘したが、重光大使の発言から日本の外務省は七月十一日を越境初日と捉えていたことが読み取れる。

（51）Там же. С. 380.

（52）Там же. С. 380-381. 七月二十日の交渉の中で、リトヴィノフ外務人民委員は日本側が張鼓峯を満洲国領とする根拠となる地図を提出すれば、ソ連側もその地図を調査する用意があると申し出るが、重光大使は回答していない。

（53）Там же. С. 381.（筆者試訳）

（54）Там же. С. 381-382.（筆者試訳）

（55）Там же. С. 382.（筆者試訳）

（56）Там же. С. 380, 382. 重光大使の主張に対しリトヴィノフ外務人民委員は、「今話をしているのはソ連領土のことであり、領土に対して他国のどんな要求も容認し難い」「自国領土内のどの地域に軍を配置しようと挑発でもなんでもない」と発言している。（筆者試訳）

（57）Там же. С. 383-384.（筆者試訳）

（58）Там же. С. 384. リトヴィノフ外務人民委員は交渉の最後に「重光大使は何も新しいことを述べなかった。（中略）話を終わりにします」と述べ、会談は終了する。（筆者試訳）
（59）Там же. Т. 21. “287. Запись беседы”. С. 415-416.（筆者試訳）
（60）Там же. С. 419.
（61）Кутаков Л. Н. *ИСТОРИЯ СОВЕТСКО-ЯПОНСКИХ ДИПЛОМАТИЧЕСКИХ ОТНОШЕНИЙ*. Москва. 1962. С. 195.
（62）重光『外交回想録』一八〇頁。
（63）新田満夫『極東國際軍事裁判速記録　第五巻』（雄松堂書店、一九六八年）五〇八頁。
（64）重光『外交回想録』一八〇頁。
（65）同右、一八一頁。
（66）JACAR: B10070094600（第45、46番目画像）、執務報告　昭和十三年度欧亜局第一課／一九三八年（欧亜一―八）（外務省外交史料館所蔵）。
（67）中山隆志「張鼓峰事件再考」（『防衛大学校紀要』第七〇輯、一九九五年）一〇〇頁。
（68）*ДВП СССР XXI*. Т. 21. С. 434. “298. Телеграмма Народного Комиссара Иностранных Дел СССР в Полномочные Представительства СССР в Германии, Франции, США, Чехословакии, Италии, Китае, Японии, Турции, Афганистане, Иране, Греции, Финляндии, Эстонии, Латвии, Литве”.（298. ソ連外務人民委員からドイツ、フランス、アメリカ、チェコスロバキア、イタリア、中国、日本、トルコ、アフガニスタン、イラン、ギリシャ、フィンランド、エストニア、ラトビア、リトアニアのソ連全権代表部に宛てた電報。一九三八年八月十一日）（筆者試訳）
（69）日本国際政治学会　太平洋戦争原因研究部『太平洋戦争への道　開戦外交史　4　日中戦争〈下〉』（朝日新聞社、一九六三年）九一頁。
（70）『戦史叢書27　関東軍〈1〉』四一四頁。外務省欧亜局第一課『日「ソ」交渉史』三八〇頁。
（71）*ДВП СССР XXI*. Т. 21. С. 442. “304. Запись беседы Народного Комиссара Иностранных Дел СССР с Послом Японии в СССР Сигемицу”.（304. ソ連外務人民委員と重光葵在ソ連日本国大使との会談記録。一九三八年八月二十一日）（筆者試訳）
（72）外務省欧亜局第一課『日「ソ」交渉史』三八〇―三八一頁。
（73）*ДВП СССР XXI*. Т. 21. “304. Запись беседы”. С. 444.（筆者試訳）

第四章　損　害

本章では、張鼓峯事件における両軍の損害を検討する。日本軍の損害が比較的早い時期から明らかにされていた一方で、ソ連軍の損害については長年明らかにされていなかった。ソ連崩壊後に進んだロシア側の研究成果を基に最新の数値を検討する。またソ連軍の損害に関する日本の先行研究についても再検討を行う。

損害は事件評価にも大きく関わるため、可能な限り多くの表を用いて考察することに努めた。

第一節　ソ連史料から見る損害

張鼓峯事件における損害について、当初日本外務省は死者一、二〇〇名を含む五、五〇〇名の人的損害をソ連軍に与えたとし、[1] 最終的にソ連軍の死傷者数を約四、五〇〇名と見ていた。[2] しかし、事件直後のソ連側の史料では、確認できるすべての史料において、日本の推計よりも死傷者数が大きく下回っている。このソ連側の数値は、史料によって若干のばらつきが見られるが四、五〇〇名より一、〇〇〇名以上少ない数字である。

例えば一九三八年八月二十六日の第三九狙撃軍団司令部の報告では、死傷者、行方不明者の合計を三、三九五名として表にまとめている[3]（表2参照）。

さらに同年九月四日付のヴォロシーロフ元帥の国防人民委員命令№.００４０の中で出されている数値は、死者四〇八名、負傷者二、八〇七名の合計三、二一五名であった。[4]

日本が推測したソ連軍の損害四、五〇〇名を一、〇〇〇名以上下回っているとはいえ、当時のソ連側史料を考察するだけでも、日本軍の損害一、四四〇名[5]と比較してソ連軍は二倍以上の損害を出しており、日本軍が一方的に近代戦の洗礼を受けたという評価には疑問が生じる。

第二節　日ソ両軍の損害

一　先行研究の再検討

当時のソ連軍の損害を示す史料は、日本の推測を大きく下回っていたが、その後も複数の史料が公開されたことでロシアでも損害の研究が進むことになった。

ロシア人研究者グリゴリー・クリヴォシェーエフは、これら公開された諸史料を用いて張鼓峯事件におけるソ連軍の戦死傷者数をまとめた。[6]そして、そのデータを使用して中山隆志が日本で初めてソ連軍の損害を明らかにした。中山が明らかにしたソ連側の損害は、戦死傷者と戦病者を合わせて四、〇七一名という数値であった。[7]

中山がソ連軍の損害を日本で初めて明らかにしたことは、多くの研究者に文献の所在を示し、事件の再検討を迫った点で大きく評価できる。しかし中山論文には事件を誤って評価してしまう主張があるため訂正を行う。

表2　第39狙撃軍団司令部史料による事件直後の損害合計（1938年8月26日）

第40狙撃師団	士官			下士官			兵			合計			損害合計
	死亡	負傷	行方不明	死亡	負傷	行方不明	死亡	負傷	行方不明	死亡	負傷	行方不明	
師団司令部	1	2	-	-	1	-	-	5	-	1	8	-	9
第118狙撃連隊	19	55	-	15	127	-	65	634	-	99	816	-	915
第19狙撃連隊	9	47	-	16	70	5	47	258	64	72	375	69	516
第120狙撃連隊	12	55	1	7	92	5	50	433	42	69	580	48	697
軽砲兵連隊	-	2	-	1	3	-	4	12	1	5	17	1	23
榴弾砲兵連隊	-	2	-	-	-	-	1	10	-	1	12	-	13
独立戦車大隊	3	5	-	9	6	-	5	7	-	17	18	-	35
独立偵察大隊	2	4	-	5	6	-	8	23	-	15	33	-	48
独立工兵大隊	-	6	-	2	9	-	5	54	-	7	69	-	76
独立通信大隊	1	1	-	-	-	-	-	6	-	1	7	-	8
太平洋艦隊対戦車兵器隊	-	2	-	-	-	-	2	6	-	2	8	-	10
医療大隊	-	-	-	-	1	-	-	2	-	-	3	-	3
砲兵師団長中隊	-	-	-	-	-	-	-	1	-	-	1	-	1
太平洋艦隊砲兵連隊	-	1	-	-	6	-	-	7	-	-	14	-	14
合計	47	182	1	55	321	10	187	1,458	107	289	1,961	118	2,368
第32狙撃師団	士官			下士官			兵			合計			損害合計
	死亡	負傷	行方不明	死亡	負傷	行方不明	死亡	負傷	行方不明	死亡	負傷	行方不明	
第94狙撃連隊	2	2	-	2	3	-	8	7	3	12	12	3	27
第95狙撃連隊	12	44	-	13	84	-	44	283	-	69	411	-	480
第96狙撃連隊	4	30	-	4	35	-	9	121	-	17	186	-	203
第32榴弾砲兵連隊	-	-	-	-	-	-	1	7	-	1	7	-	8
第32砲兵連隊	-	1	-	1	-	-	2	4	-	3	5	-	8
対戦車兵器大隊	-	-	-	-	-	-	1	-	-	1	-	-	1
偵察大隊	-	2	-	-	3	-	3	5	-	3	10	-	13
戦車大隊	1	4	-	5	16	-	2	5	-	8	25	-	33
工兵大隊	2	2	-	-	4	-	2	15	2	4	21	2	27
通信大隊	-	2	-	-	6	-	-	3	-	-	11	-	11
師団司令部	-	2	-	-	-	-	-	-	-	-	2	-	2
合計	21	89	-	25	151	-	72	450	5	118	690	5	813
第2機械化旅団	士官			下士官			兵			合計			損害合計
	死亡	負傷	行方不明	死亡	負傷	行方不明	死亡	負傷	行方不明	死亡	負傷	行方不明	
合計	9	15	-	23	29	-	12	18	-	44	62	-	106
第39狙撃師団	士官			下士官			兵			合計			損害合計
	死亡	負傷	行方不明	死亡	負傷	行方不明	死亡	負傷	行方不明	死亡	負傷	行方不明	
合計	2	9	-	2	11	-	13	60	-	17	80	-	97
その他	士官			下士官			兵			合計			損害合計
	死亡	負傷	行方不明	死亡	負傷	行方不明	死亡	負傷	行方不明	死亡	負傷	行方不明	
第39砲兵連隊	-	-	-	1	-	-	1	-	-	2	-	-	2
第39独立通信大隊	1	-	-	-	-	-	-	-	-	1	-	-	1
第43工兵大隊	-	5	-	-	1	-	-	2	-	-	8	-	8
合計	1	5	-	1	1	-	1	2	-	3	8	-	11

出典：РГВА. Ф. 35083. Оп. 1. Д. 24. Л.190-191を基に筆者作成。

訂正点はソ連軍の戦闘参加兵力数である。中山は、ハサン地区で活動した人数について、二万二九五〇名という人数を出しているが、実際に戦闘に参加した兵力数については、一万五〇〇〇名という数値を引用している。(8) そして、この一万五〇〇〇名を基に戦闘参加者の死傷率を計算し、日本軍の二一・一％に対しソ連軍二七・一％という高い数値を算出した。このソ連軍の死傷率の高さから、中山はソ連軍の攻撃能力の限界を指摘したのである。(9)

中山はこの一万五〇〇〇名という数値をソ連の公刊戦史から引用しているが、筆者が引用元を確認したところ、この人数は張鼓峯事件全体の戦闘参加兵力数ではなく、八月六日に戦闘地域に集結していた兵力数である。(10)

張鼓峯事件が最も熾烈となったのは、八月六日のソ連軍の第二次奪回攻撃の開始からであり、戦闘が八月十一日まで続いたことを考慮すると、一万五〇〇〇名からさらに大きく増えていったと考えられる。従って、本来八月六日時点の一万五〇〇〇名という数値をソ連軍の全戦闘参加兵力数として使用することはできないのである。同時に、中山が一万五〇〇〇名という数値を使用したということは、死傷率の計算時に分母をかなり低い数値で計算していたことになり、ソ連軍の死傷率二七・一％という数値は異常に高い数値になっていたといえる。

また中山は、自身が導いたソ連軍の高い死傷率が、外交交渉での停戦合意やソ連の譲歩に影響を与えた可能性を指摘している。しかし第三章で示したように、停戦はソ連が自軍の配置に満足したために合意したのであり、この高過ぎる死傷率と結びつけることはできないのである。

二　ソ連軍の戦闘参加兵力数と損害

実際のソ連軍の戦闘参加兵力数と損害はどの程度だったのだろうか。この点につきロシア側の研究成果を考察する。クリヴォシェーエフの研究により、張鼓峯事件におけるソ連軍の戦闘参加兵力数は二万二九五〇名だったことが明

表3　1938年8月のソ連軍戦闘参加兵力数平均

投入戦力(名)	内訳(名)		
	士官	下士官	兵
22,950	1,636	3,442	17,872

出典：Г.Ф.Кривошеев. *Россия и СССР в войнах XX века.Книга потерь.* (Москва, 2010). С. 154.

表4　張鼓峯事件におけるソ連軍の損害

損害の種類	士官	下士官	兵	合計
死亡				
殺害及び救護避難宿営所での傷による死亡(名)	136	153	470	759
病院における怪我及び病気が原因の死亡(名)	11	11	78	100
行方不明(名)	2	12	81	95
事故での死亡(名)	3	2	1	6
計(名)	152	178	630	960
損害(死亡)に対する率(%)	15.8	18.5	65.6	100
人員に対する率(%)	9.3	5.2	3.5	4.2
衛生関係				
戦傷(名)	290	406	2,056	2,752
戦病(名)	37	79	411	527
計(名)	327	485	2,467	3,279
損害計に対する率(%)	10	14.8	75.2	100
人員に対する率(%)	20	14.1	13.8	14.3

出典：Кривошеев. *Россия и СССР в войнах XX века.Книга потерь.* С. 153 を基に筆者作成。数値の一部は再計算し、修正した。

※「人員に対する率」は表3の数値に基づいて算出されている。

らかにされている[11]。この人数は、中山がハサン地区で活動したと述べていた兵力数と同じ人数であり、本来であればこの人数を戦闘参加兵力数とするべきだったのである[12](表3)。

張鼓峯事件における日ソ両国の戦闘参加兵力数は、日本軍が六、八一四名[13]、ソ連軍が二万二九五〇名と、日本軍とソ連軍との間には約三・三倍以上の差があったのである。そして、ソ連軍の損害については合計で四、二三九名という数値が出されている(表4参照)。

これらの数値に基づいてソ連軍の死傷率を再計算すると一八・四%になり、日本軍の二一・一%よりも低い数値である。やはり従来のソ連軍の死傷率二七・一%は高過ぎる数値だったといえる。

最新の研究によるソ連軍の死傷者数四、

二三九名と事件直後のソ連側史料による死傷者数には八四四～一、〇二四名もの差があり、事件直後の数値がかなり低く出されていたことが窺える。

しかし戦傷者を比較すると、クリヴォシェーエフが出した負傷者数は二、七五二名（表4参照）であり、当時の史料で示された二、八〇一名（表2参照）と二、八〇七名（国防人民委員命令№００４０）とは、いずれも五〇名ほどの差しかない。つまり、時間の経過と共に戦傷者が戦死者になったというよりも、事件直後の数値が正しくカウントされていなかったか、あるいは数値が意図的に操作されていたと考えることができる。

また日ソ両軍の損害を比較すると、ソ連軍の損害合計四、二三九名に対して、日本軍の損害合計は一、四四〇名であり、比較すると約三倍（二・九倍）もの差があったことになる。

戦死者だけ見ても日本軍は五二六名[14]、ソ連軍は九六〇名と、ソ連軍は日本軍の一・八倍以上も多い数値となっている。負傷者に至っては日本軍の九一四名[15]に対し、ソ連軍は二、七五二名であり、日本軍の三倍以上である。これにソ連軍の戦病者五二七名も含めると、ソ連軍の戦傷・戦病の合計は三、二七九名となり、この場合ソ連軍の数値は日本軍の実に三・五倍以上になる。

ソ連軍の戦傷者について、もう少し考察することにする。ソ連軍は、病気を除く戦傷者二、七五二名のうち九八・七％の二、七一五名が狙撃（歩兵）部隊における損害である[16]（表5参照）。いかにソ連軍の歩兵の消耗が激しかったのかを読み取ることができる。

しかし、負傷あるいは病気になったソ連兵のすべてが前線から離れたわけではない。全体の七割近い兵士が部隊に復帰したようである（表6参照）。

当初ソ連軍は、自軍の損害を日本側の推測よりも一、〇〇〇名以上下回る数値で出していたが、最新の研究で四、二三九名という損害の数値がまとめられた。これは日本側が推計していた四、五〇〇名という数値に大きく近づいており、日本側の推計がかなり正確であったことを表している。

ソ連軍は日本軍の三・三倍以上の戦力を投入しながら、約三倍もの損害を出しており、たとえ死傷率を考慮したとしても、日本軍のみが一方的な損害を出していたとはいえない数値である。

表5　ソ連軍の兵科別損害内訳

部隊	階級	損害		
		戦死	戦傷	行方不明
狙撃部隊	士官(名)	55	268	5
	下士官(名)	68	391	1
	兵(名)	243	2,056	7
	計(名)	366	2,715	13
	合計に対する率(%)	91.1	98.7	72.2
戦車部隊	士官(名)	10	22	-
	下士官(名)	23	15	5
	計(名)	33	37	5
	合計に対する率(%)	8.2	1.3	27.8
砲兵(軍団)	下士官(名)	1	-	-
	兵(名)	1	-	-
	計(名)	2	-	-
	合計に対する率(%)	0.5	-	-
通信	士官(名)	1	-	-
	計(名)	1	-	-
	合計に対する率(%)	0.2	-	-
合計	人数(名)	402	2,752	18

出典：Кривошеев. *Россия и СССР в войнах XX века. Книга потерь.* С. 155 を基に筆者作成。

※戦死者数の合計は史料の欠如により、960名より少なくなっている。

表6　ソ連軍の戦傷・戦病者の動向

衛生関係	単位	医療施設の受入	戦傷・戦病内訳		
			部隊復帰	戦線離脱(休暇)	死亡
戦傷	名	2,752	1,973	470	93
	%	100	71.7	17	3.4
戦病	名	527	271	115	1
	%	100	51.4	21.8	0.2
合計	名	3,279	2,244	585	94
	%	100	68.4	17.8	2.9

出典：Кривошеев. *Россия и СССР в войнах XX века. Книга потерь.* С. 154 を基に筆者作成。数値の一部は再計算し、修正した。

第三節　戦況分析

ソ連軍の負傷者二、七五二名の中で最も多い負傷原因は砲傷である。負傷原因全体の五四・四％にも及び、日本軍の火砲が有効だったことを示している（表7参照）。

張鼓峯事件では、日本軍は絶対不拡大方針のもと戦車や飛行機の使用を禁じられていたため、重砲や高射砲が主要な火力となり、これら火砲が大きく活躍したと考えられる。

白兵戦による損害もソ連軍では目立つ（表7参照）。日本軍に白兵戦での死者はなく、負傷者もたった四名であるが、ソ連軍は負傷者だけで一一〇名もの損害を出している（表7、8参照）。ソ連軍の戦死者データはないが、戦死者も考慮すればさらに多くの損害が出ていたと考えられる。ソ連軍の白兵戦による損害は、全体の四％と割合としては決して大きくはないが、両軍の数値を比較するとその差は大きく、日本軍が白兵戦に長じていたことが窺える。

実際、日本側の史料には白兵戦での優勢を伝える記録が残っている。七月二十九日以降、白兵戦は各方面の戦闘で行われたようであるが、ソ連軍に大きな損害を与えた白兵戦としては、七月三十日深夜の第十九師団による最初の夜襲の時と八月六日からソ連軍が行った第二次奪回攻撃の時だと考えられる。特に七月三十日の夜襲は、大きな成果を上げたと推測できる。

七月三十日の夜襲の様子は、次のとおり記されている。

三十一日午前二時十五分（中略）攻撃前進に移った。ソ軍は照明弾を使用し各種軽重火器をもって射撃し猛烈に抵

表７　ソ連兵の戦傷原因内訳

負傷の種類	負傷者数（名）	全負傷者数に対する率（％）
銃弾による負傷	869	31.6
破片（砲弾・手榴弾）による負傷	1,498	54.4
白兵による負傷	110	4
その他	275	10
合計	2,752	100

出典：Кривошеев. *Россия и СССР в войнах XX века. Книга потерь.* С. 154 を基に筆者作成。

表８　日本軍部隊別・兵器別戦死傷者数

		歩七三	歩七四	歩七五	歩七六	山砲二五	高射砲	工一九	野重砲、騎二七、国境守、衛生隊、師通信、師司	計
銃創	死（名）	32	−	91	58	2	2	5	2	192
	傷（名）	36	13	139	93	5	17	12	8	323
	計（名）	68	13	230	151	7	19	17	10	515
砲創	死（名）	65	2	96	35	16	−	5	10	229
	傷（名）	43	14	131	48	24	11	11	21	303
	計（名）	108	16	227	83	40	11	16	31	532
手榴弾創	死（名）	2	−	45	40	−	−	−	1	88
	傷（名）	10	−	179	47	1	−	−	2	239
	計（名）	12	−	224	87	1	−	−	3	327
投下爆弾創	死（名）	1	2	2	1	−	2	−	−	8
	傷（名）	2	3	3	6	−	14	−	2	30
	計（名）	3	5	5	7	−	16	−	2	38
白兵創	死（名）	−	−	−	−	−	−	−	−	−
	傷（名）	−	−	2	1	−	−	−	1	4
	計（名）	−	−	2	1	−	−	−	1	4
その他	死（名）	−	−	−	−	−	−	−	−	−
	傷（名）	1	2	13	3	2	−	−	1	22
	計（名）	1	2	13	3	2	−	−	1	22

出典：参謀本部『支那事変史特号　第一巻　張鼓峯事件史　附表附図』附表第四其ノ二を基に筆者作成。

※手榴弾創の合計が誤っていたため修正した。

※※各区分の計を合計すると 1,438 名となり、日本軍の損害 1,440 名に 2 名足りない。

抗したが、わが方はただ銃剣にすべてをかけ、一意頂上を目がけ肉迫突進し、激闘を繰り返しつつ払暁までに張鼓峯の最高点に進出することができた[17]。

この時の攻撃は、尾高師団長の独断という前触れのない夜襲だったこともあり、ソ連軍に大きな損害を与えたと考えられる。そして、その後も日本兵との白兵戦で損害を出し続けたソ連軍は、最終的に日本軍の銃剣突撃を恐れるようになり、突撃を受けると武器を棄ててすぐに逃げ出すようになったのである[18]。

一方、日本軍の損害に関する分析として、「投下爆弾創」が予想以上に少ないことが読み取れる（表8参照）。歩兵第七五連隊の「戦闘詳報」では、ソ連軍の飛行機による地上攻撃はしっかりと準備して対応すれば問題はなく、損害も軽微だったことから最終的に将兵は爆撃を意に介さなくなったと記している。ただし後続の新来部隊にとっては、到着早々砲撃と爆撃の中に入ることになり、精神的影響は大きかったようである[19]。

ソ連軍の飛行機による爆撃は、戦闘指揮の妨げや戦意の阻害には一定の役割を果たしたと考えられるが、投入された数と損害の数値を考慮すると、ソ連軍の爆撃は日本軍に大きな損害を与えるものではなく、飛行機の運用そのものに大きな問題があったといえる。

戦況分析に加えて、最後にロシアの研究では日本軍の損害数をどのように受け止めているのか考察したい。ロシアでは一般的に日本軍の戦死者を約五〇〇名、戦傷者を約九〇〇名と捉えており[20]、これは日本が公表している戦死者五二五名、戦傷者九一四名とほぼ一致している[21]。現在のロシアの研究は、日本軍の損害について史料に基づいた正しい数値を捉えているといえる。

註

（1）アルヴィン・D・クックス『もう一つのノモンハン　張鼓峯事件　1938年の日ソ紛争の考察』岩崎博一・岩崎俊夫訳（原書房、一九九八年）二八六頁。

（2）防衛庁防衛研修所戦史室『戦史叢書27　関東軍（1）　対ソ戦備・ノモンハン事件』（以下『戦史叢書27　関東軍（1）』と表記）（朝雲新聞社、一九六九年）四一〇頁。

（3）РОССИЙСКИЙ ГОСУДАРСТВЕННЫЙ ВОЕННЫЙ АРХИВ（ロシア国立軍事公文書館）. Ф. 35083. Оп. 1. Д. 24. Л.190-191. 史料番号ФはФонд、ОпはОпись、ДはДело、ЛはЛистの略。原史料では各部隊の損害数値の小計に誤りがあり、それが全体の合計にも影響を与えていたため、筆者が小計及び合計を再計算した。原史料の数値は三、三七六名である。

（4）Золотарев В. А. *Русский АРХИВ: Великая Отечественная: Приказы народного комиссара обороны СССР. 1937-21 июня 1941г. T. 13(2-1)*. Москва. 1994. С. 57.

（5）参謀本部『支那事変史特号　第一巻　張鼓峯事件史附表附図』（以下『張鼓峯事件史附表附図』と表記）附表第四其ノ一（防衛省防衛研究所戦史研究センター所蔵）。日本の損害について、一次史料では一、四三九名であるが、〝国守〟の戦死者数と戦傷者数の合計が誤っており、正しく計算すると一、四四〇名となる。また『戦史叢書27　関東軍（1）』四一一―四一二頁の張鼓峯事件部隊別戦死傷概見表の数値では一、四四〇名と訂正されているため、一、四四〇名を引用した。

（6）Кривошеев Г. Ф. *Россия и СССР в войнах XX века. Книга потерь*. Москва. 2010. С. 150-155.

（7）中山隆志「張鼓峰事件再考」（『防衛大学校紀要』第七〇輯、一九九五年）一〇〇頁。

（8）同右、九六頁、一〇〇頁。

（9）同右、一〇〇頁。

（10）Гречко А. А.(председатель). *ИСТОРИЯ ВТОРОЙ МИРОВОЙ ВОЙНЫ 1939-1945*. Т. 2. Москва. 1973. С. 211-212. 八月六日とは直接書かれていないが、前段の文脈を見ると一万五〇〇〇名が集中した日は「八月三日の翌日、その後二昼夜間で」とあるため、八月六日であることは明らかである。また戦闘に参加した人数ではなく、「戦闘地域に集結した」人数と記されている。

（11）Кривошеев. указ. соч. С. 154. 現地に集中していた人数ではなく、「戦闘参加者」の月平均人数としてまとめられている。

（12）表4からも明らかであるが、クリヴォシェーエフも二万二九五〇名を計算の分母としている。

（13）『張鼓峯事件史附表附図』附表第四其ノ一。一般に日本の戦闘参加者について『戦史叢書27　関東軍（1）』四一一―四一二頁の「張鼓峯事件部隊別戦死傷概見表」の数値から六、九一四名と捉えられているが、その一次史料を確認すると六、八一四名である。

（14）『張鼓峯事件史附表附図』附表第四其ノ一。

（15）同右。

（16）Кривошеев. указ. соч. С. 155.

（17）『戦史叢書27　関東軍（1）』三六三頁。夜襲の様子については、歩兵第七十五聯隊『歩兵第七十五聯隊　張鼓峯事件戦闘詳報　1／2』三九―四三頁（防衛省防衛研究所戦史研究センター所蔵）も参照。

（18）歩兵第七十五聯隊『歩兵第七十五聯隊　張鼓峯事件戦闘詳報　2／2』一〇九頁（防衛省防衛研究所戦史研究センター所蔵）。

（19）同右、一〇三頁。

（20）Кольтюков А. А. “Вооруженный конфликт у озера Хасан: взгляд из XXI века (вместо предисловия)”. Резник Н. И. *На границе тучи ходят хмуро...(К 65-летию событий у озера Хасан)*. Москва. 2005. С. 21.

（21）『戦史叢書27　関東軍（1）』四一一―四一二頁。

第五章　ソ連極東地方住民の支援

これまでの張鼓峯事件研究は主に軍事衝突や当時の国際情勢に焦点を当てて行われており、その後方に居住していた住民の動向は明らかにされていない。

ソ連住民の活動に注目し、張鼓峯事件との関わりを明らかにすることは、事件の新しい評価に繋がるものである。極東地域の住民が、ソ連軍に対する支援活動に積極的かつ大規模に参加していたことが明らかになれば、ソ連軍が日本軍を圧倒したという従来の張鼓峯事件の評価ではなく、極東地域全体が総力を結集して日本軍と戦った地域的な「総力戦」として、事件を再評価することができるからである。

第一節　住民の関わり

一　住民の士気

張鼓峯事件終結後、ソ連政府は紛争に参加した将兵だけでなく、ソ連軍を支援した一般住民にも勲章を授与し、その総数は六、五〇〇名にも上った。この時期にこれ程までの勲章が授与されることは珍しく、事件後のソ連政府は張

図26　労働者のミーティング
出典：アレクサンドル・ヤコベーツ提供。

鼓峯獲得という戦闘目的の達成に加えて、国境紛争に勝利した事実そのものに政治的な意義を見出していた(1)。

勲章を授与された一般住民は、ソ連軍の兵站活動を献身的に支援した人々であるが、勲章の受賞者以外の住民も支援活動に従事していた。

極東地方ウスリー州では、ハサン湖（張鼓峯）での軍事衝突が明らかになると、労働者やコルホーズ員が頻繁に各自の企業、コルホーズ、ソフホーズ、官庁に集合して「侵略者である日本とファシズムを撃退する」という意志の統一を図るミーティングを開催した(2)（図26）。これらのミーティングをとおして、油脂加工コンビナート、砂糖工場、機関車修理工場の労働者は祖国のより一層の防衛強化、生産計画の超過遂行、そしてより多くの機関車、セメント、砂糖、油、その他の食糧品を国に納めることを誓っており(3)、極東地方の労働者の士気は非常に高かったといえる。さらに彼らの中には労働者としての勤めだけではなく、必要とあれば自ら前線に向かう覚悟を持つ者も多かった。

あるミーティングで老練な生産作業者シャイコフ（Шайков. 姓、父称不明）の発言が以下のように記録されている。

（前略）我々労働者は全員一丸であり、必要とあれば党の掛け声ひとつで神聖不可侵な我らの領土を守る(4)（後略）。

コルホーズ員も労働者と同様に事件に対する関心を強め、高い士気を維持していた。彼らもミーティングを開催しており、中でもホロリスキー（Хорольский）地区の〝第二次五カ年計画〟（Вторая пятилетка）という名前のコルホーズ員達は「敵に対して銃を持って立ち上がり、トラクターを国境線防衛のために移動させる」[5]という決定を受け入れた程であった。

女性も男性と同様に赤軍への支援を表明し、ヴォロシロフ（Ворошилов）市では八月九日に一〇〇名を超える女性が看護婦として一刻も早く前線に赴きたいという希望を表明し[6]、記録にあるだけでも五〇名の女性志願者が実際に前線の病院に派遣されている[7]。

もちろんこういった状況下ですべての住民が協力を申し出たわけではなく、コルホーズ員の女性の中には逃げるために荷物をまとめる者や、紛争の拡大で農作業が無駄になると考え仕事に行かない者もいた[8]。しかしこういった記録は全体のごく一部に過ぎず、当時の労働者やコルホーズ員の記録を考察すると、極東地域全体としては住民がソ連軍への支援のために積極的に士気を高揚し、対日スローガンのもとその意志を統一していたのである。

同時に張鼓峯という高地をめぐる国境紛争については、前線のハサン地区（沿海州）だけではなくウスリー州を含む相当広範囲の住民が危機感を共有していたことが明らかになった。

二　住民の支援活動

極東地方の労働者・コルホーズ員が行った支援活動を明らかにするに当たり、まず日本軍の後方に居住していた朝鮮人の動向を明らかにし、その概要を示す。

満洲国国境付近の住民は朝鮮人が多かったが、事件に直接関係がある地方の朝鮮人の総人口は約一万五〇〇〇人であった。しかし、そのほとんどは事件発生と同時に避難し、若干の老人や軍に徴用中の者が残っただけであった[9]。避

図 27　朝鮮人避難民の防空壕（左）と避難する朝鮮人（右）
出典：参謀本部『支那事変史特号　張皷峯事件史草案』（1939 年）315 頁。

難せず残った朝鮮人の中には日本軍の牛の徴発に応じた者や、倉庫を提供した者など日本軍に協力した住民もいた[10]。しかしながら、全体として彼らはソ連軍が攻勢的になるにしたがい恐ソ・親ソの言動を漏らし、停戦協定成立に至っては日本軍の屈服であると日本軍の実力を疑う者さえいたのである[11]。

これに対してソ連側の住民には大規模な避難はなく、前述のとおり住民自ら積極的にソ連軍への支援を申し出た。彼らの中にはコムソモール（全ソ連邦共産青年同盟）員も多数含まれていた。

ポシエト村（посёлок Посьет）の住民で軍事作戦への貢献が評価され、勲章授与に推薦された九名の年齢は、十五歳から五十歳で女性も含まれていた。村の女性は衛生面での協力を行っており、前線から運ばれてきた負傷者の看護を行った。彼女達は学生や教師、主婦などで看護婦ではなかったが、国境紛争の期間中一日も休まずに病院の当直を務めた者や負傷者に必要なものを集めてきた者など、各自の役割を献身的にこなし負傷者への支援を惜しまなかった[12]。

こうした女性の支援は、負傷者が運ばれた各地の病院で行われていた。当然停戦後も負傷者の看護は必要である。ある病院では、事件後の九月一日から十五日まで負傷者の下着の洗濯を依頼された女性班（四名）[13]が

図 29　アレクサンドル・ブラジュニコフ
出典：アレクサンドル・ヤコベーツ提供。

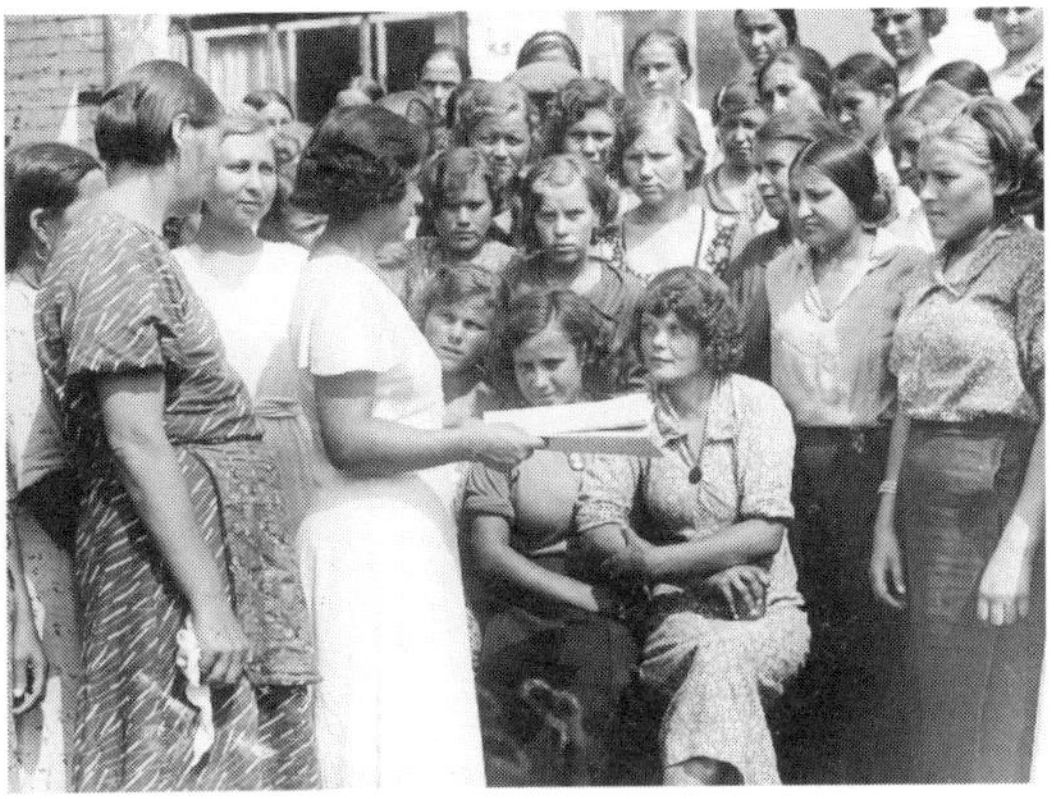

図 28　日本軍が侵攻してきたという説明を聞く織布工場の女性達
出典：アレクサンドル・ヤコベーツ提供。

あった。彼女達が病院に着いた時、大量の汚れた下着があり、それを洗濯しなくてはならなかった。彼女達はこの誰もが嫌がる仕事に対して当局が提示した手当を、兵士のための仕事であることを理由に辞退し、日中は四〇〇枚もの下着を洗濯し、夜は病院の当直を務めるという激務を無休でこなした(14)。

このポシエト村ではコムソモール員で一〇代前半の男子中学生、アレクサンドル・ブラジュニコフ（Александр Бражников）（図29）が女性に交じって衛生支援を行った記録もあり、彼は食事や水の提供に加え排泄の世話まで行っていた(15)。彼が張鼓峯事件に関わったロシア人の中で最年少者である。

当時各地の病院は慢性的な人手不足となっており、女性を中心とした衛生支援がなければ負傷者へ看護は行き届かなかったであろう。

ポシエト村ソヴィエト議長を務めていたピンチュク・ワシリー・ダニロヴィッチ（Пинчук Василий Данилович）は、地元住民とコムソモール員を負傷者の積み降し作業に組織した。さらに残りの住民を道路の修繕に当たらせ、船の停泊場の設置まで行った。これにより円滑な物資・人員の輸送が可能になり、彼の献身的な支援活動は第五九国境警備隊司令部に高く評価され、栄誉勲章の推薦を受けた程

図30　戦況を聞くコルホーズ員
出典：アレクサンドル・ヤコベーツ提供。

であった[16]。

ハンシー（Ханси）では大工のドロジュキン・イワン・アンドレエヴィッチ（Дорожкин Иван Андреевич）が、他の大工を動員して素早く停泊場を完成させ、前線への物資輸送を可能にした。これにより彼も第五九国境警備隊司令部に高く評価された[17]。

漁師は漁業から後方支援に操船目的を切り替え、停泊場を利用して引網漁船で前線への物資輸送を行い、事件終結後はすぐに漁業を再開した。事件後数日間で二、〇〇〇ツェントネル[18]以上の漁獲高を記録した者に戦功メダル授与が推薦されていることから[19]、漁師は軍に対する輸送支援だけではなく、住民生活の食糧供給にも大きく貢献していたといえる。

こうした船を利用した住民の活躍は、別の場所でも多くの記録が残っている。沿海州の水産加工コンビナートの労働者や漁師は、自らの船に食糧品や弾薬を積載し前線に送り続けただけではなく、負傷者の後送も行っていた。彼らの活動記録には、ほとんどに「絶え間なく」や「数日間にわたり」あるいは「一睡もせず」などの言葉で兵站活動の継続性が記録されており、彼らの支援活動が一時的なものではなく、前線と後方を何度も往復していた様子が強調されている[20]。

コルホーズ員も積極的な支援を行っていた。チェルニゴフスキー（Черниговский）地区のコルホーズ員は彼らの貴重な豚、ガチョウ、鶏などの家畜を負傷者の食糧として病院に届け、スパススキー（Спасский）地区とホロリスキー地区のコルホーズ員は肉や卵の他、様々な食糧品を病院に提供した。彼らは食糧品に手紙を添え、その中で負傷した〝英雄達〟に感謝の気持ちを綴っていた[21]。彼らの支援は必要物資の提供だけではなく、負傷者の精神的な支えにもなっていたのである。

ポシエト地区のコルホーズ員は農作業で使用する貴重なトラクターを運転手ごと前線のハサン地区に送っており、少なくとも一五名がハサン地区で活動を行った。[22] 彼らが支援活動を行った日付を見ると、一五名中三名が「七月二十九日から」支援活動を行っている。つまり沙草峯事件の勃発日には、ハサン地区での作業を開始していたのである。そして、残る一一名（残り一名不詳）も後を追うように「八月初旬から」支援活動を開始している。[23] この記録から日本軍が夜襲を仕掛け本格的な国境紛争に突入する前に、コルホーズ員が支援活動を開始していたことが窺える。

彼らの具体的な活動内容はロシア側の史料には記されていないが、日本側の史料にその活動を記しているものが存在する。

八月九日、朝鮮軍参謀部が参謀本部と電話連絡した際に、現地に連隊砲一二門を牽引したトラクターが出現したと報告を行っている。このトラクターの出現には参謀本部も驚いたらしく、史料には「其行動に就ては目下問合せ中」と確認を行っている様子が記されている。[24] コルホーズ員が運転するトラクターは、砲の運搬など重い資材の移動に従事していたのである。

第二節　当時の天候

一　大雨による兵站活動への影響

船での支援活動を行った労働者の記録には共通する表現がある。それは「洪水」「暴風雨」「嵐」といった厳しい天

表 9　張鼓峯事件当時の天候（日本側記録）

月日	日出時刻	日没時刻	天候	夜間明暗の度
7/29	5：07	19：42	午前中霧深く、午後漸次薄らぐ	雷雨、濃霧
7/30	5：08	19：41	午前曇、午後雨	雨、暗い
7/31	5：09	19：40	曇	晴、星明り
8/1	5：10	19：39	晴	晴、星明り
8/2	5：11	19：37	午前小雨、午後晴	晴、星明り
8/3	5：12	19：36	曇	星明り
8/4	5：13	19：35	曇	霧多い、暗い
8/5	5：14	19：34	午前晴、午後曇	霧多い
8/6	5：15	19：33	昼間晴（但し十時頃まで時々霧来襲）	濃霧
8/7	5：16	19：31	九時頃まで濃霧のち晴	濃霧
8/8	5：17	19：30	晴	濃霧
8/9	5：18	19：29	午前霧のち晴	濃霧
8/10	5：19	19：28	晴	曇
8/11	5：20	19：26	午前晴、午後曇、夕方雨	雨、暗い

出典：参謀本部『支那事変史特号　張鼓峯事件史草案』12 ～ 13 頁を参考に筆者作成。

候を表す記述である。朝鮮側に関しては、停戦後の八月十三日以来の豪雨によって河川が氾濫し、避難していた朝鮮人が困窮したという記録がある[25]。また、日本側の史料から、戦闘期間中に雨や濃霧が観測されたことは明らかになっている。

しかしソ連側の豪雨については、これまで明らかにされておらず、これは戦闘期間中の天候がソ連軍の兵站活動に大きな影響を与えたことを示す重要な情報である。

住民五四名に対する勲章授与の推薦書には、彼らの支援活動の内容と、授与すべき勲章が記されている。この文書から天候が窺える箇所を記述順に左に示す。

フォメンコ・ニコライ・ガブリロヴィッチ（Фоменко Николай Гаврилович）（前略）洪水の時、労農赤軍参加者の食糧品移送に特に優れたイニシアチブを発揮した（後略）[26]。

ガリヤノフ・アレクセイ・イワノヴィッチ（Гарьянов Алексей Иванович）（前略）洪水時に暴風雨によって自分の船が浸水する危険を顧みず、さらに船が桟橋（停泊場）に着岸できない状態の中、三隻の引網船から小型ボートを使用し、食糧を保護しながら積み下ろす作業を個人で組織し参加した（後略）[27]。

ガブリレンコ・パベル・ワシリエヴィッチ（Гавриленко Павел Васильевич）（前略）嵐や洪水の時、どんな苦難も顧みず個人で積極的に軍の活動部隊に対してパンの調達を行った（後略）[28]。

ボリセンコ・イワン・アンドレエヴィッチ（Борисенко Иван Андреевич）（前略）嵐や洪水の時、どんな苦難も顧みず個人で積極的に軍の活動部隊に対してパンの調達を行った（後略）[29]。

ゴロフコ・ゲオルギー・ニキフォロヴィッチ（Головко Георгий Никифорович）（前略）嵐や洪水で部隊の食糧供給が断たれた時、労農赤軍の部隊へ食糧を配達するため、どんな苦難も顧みず一日中働いた（後略）[30]。

ニキシン・ギオルギー・ヒョードロヴィッチ（Никишин Гиоргий Фёдорович）（前略）洪水の時、時間や困難を顧みず部隊への食糧輸送を個人的に行った（後略）[31]。

キセリ・ドミトリー・アフクセンチエヴィッチ（Кисель Дмитрий　Авксентьевич）（前略）洪水の時、時間や困難を顧みず、また特別な気力によって食糧を前線へと移送した（後略）[32]。

ポルチコフ・セルゲイ・ゲオルギエヴィッチ（Получиков Сергей Георгиевич）（前略）洪水の期間、引網船を使用した弾薬と食糧の輸送及び負傷者の後送という軍事任務への参加を個人で積極的に引き受けた（後略）[33]。

コズミン・クルミル・キリルロヴィッチ（Козьмин Ермилл Кириллович）（前略）洪水の期間、引網船を使用した弾薬と食糧の輸送及び負傷者の後送という軍事任務への参加を個人で積極的に引き受けた（後略）[34]。

スタロコシコ・ピョートル・ロマノヴィッチ（Старокошко Пётр Романович）（前略）自分の作業班を川での木材運搬に当て、雨が降りしきる中、水上での作業をやめることなく一晩中前線に木材を送った（後略）[35]。

ジュク・ピョートル・ペトロヴィッチ（Жук Пётр Петрович）[36]（前略）自然の脅威や食糧供給が断たれた部隊があった時、船上で自らの困難を顧みず、数日間にわたって活動部隊に対して食糧の配送を行った（後略）[37]。

コプテフ・ワシリー・イワノヴィッチ（Коптев Василий Иванович）（前略）洪水の時、あらゆる手段を使って前線に食糧供給を行った（後略）[38]。

ジヤチェンコ・ゲナジー・リボヴィッチ（Дьяченко Генадий Львович）（前略）自然災害で部隊の食糧供給が断たれた時、どんな困難も顧みず労農赤軍の活動部隊へ食糧供給を行うため一日中働いた（後略）[39]。

スルイギン・ゲオルギー・ガブリイロヴィッチ（Сльигин Георгий Гаврилович）（前略）洪水の時、搭載ボートを使って、

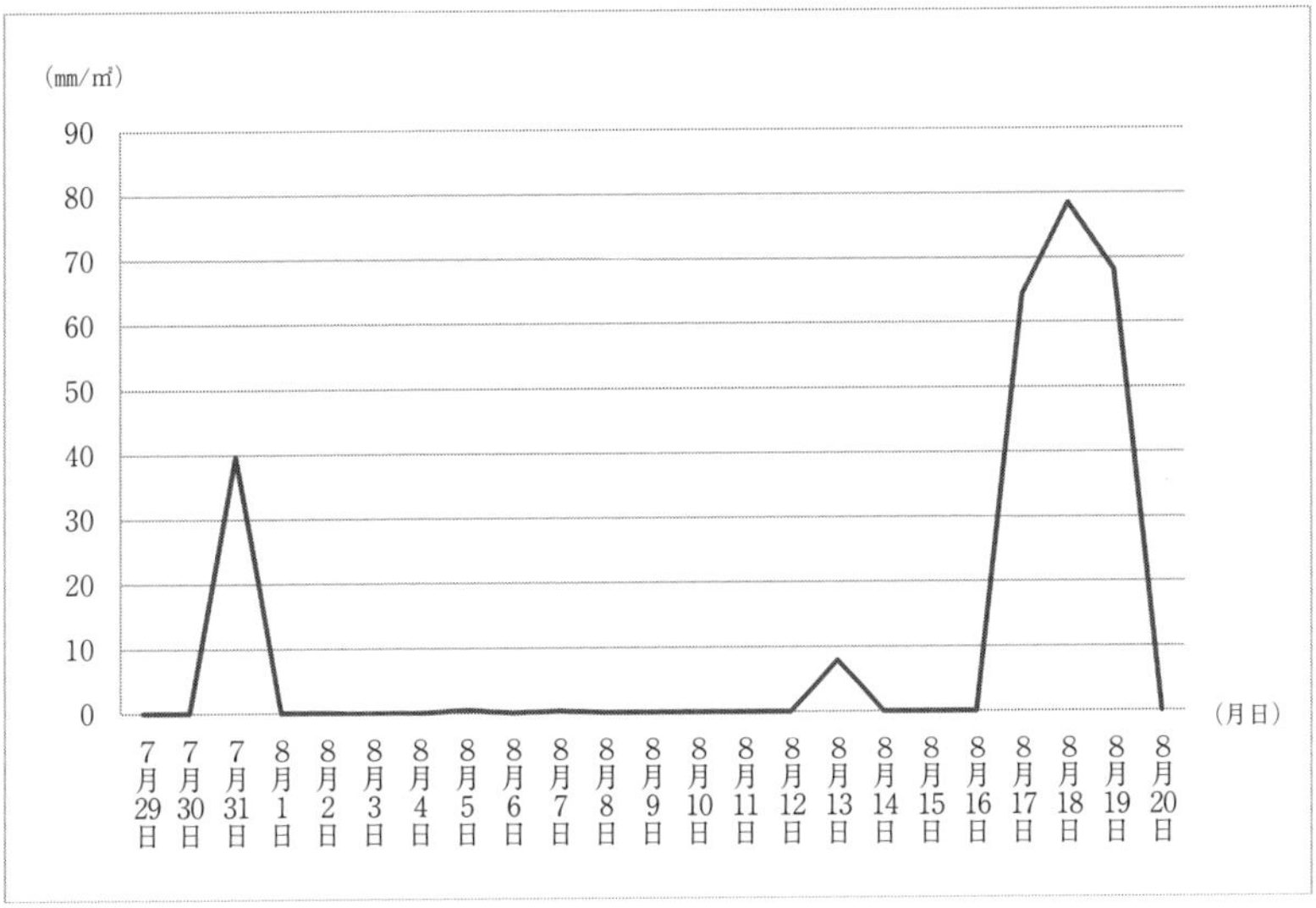

図31　事件当時のウラジオストクの降水量

Кафедра информационно-измерительных систем и физической электроники Петрозаводского государственного университета.

（ペトロザボーツク州立大学情報測定システム・物理エレクトロニクス学科作成データ）

<http://thermo.karelia.ru/weather/w_history.php?town=vla&month=7&year=1938>.

<http://thermo.karelia.ru/weather/w_history.php?town=vla&month=8&year=1938>.

（2014年11月1日確認）を基に筆者作成。

＊本図は1日に1㎡当たり何㎜の降雨があったかを示すものである。

労農赤軍の活動部隊への食糧配達に積極的に参加した（後略）[40]。

このように五四名の内、実に一四名の勲章推薦の理由が、「洪水」などで陸路が寸断された部隊への船による補給、あるいは負傷者の後送となっている。

さらに前線に最も近い主要都市であるウラジオストクには、事件当時の降水量のデータがある。このデータによれば一九三八年七月三十一日及び八月十七日から十九日にかけて、かなりの雨が降っていたことが確認できる（図31参照）。ウラジオストクは前線のハサン地区から約一二〇km北東に位置しているため、ハサン地区が同日同様の天候だったわけではない。しかし現地の複数の記録と朝鮮で川が氾濫したという記録、さらにウラジオストクの降水量から判断すると、当時の極東地域の天候は不安定であり、極地的な大雨によって洪水が発生していたと推測できる。

この洪水によってソ連軍の兵站活動や負傷者の後送は滞っており、住民の船による支援活動がなければ、ソ連軍の損害はさらに拡大していたであろう。

図32　浸水した場所に手作業で道を作るソ連兵
馬が通る一方、左側では自動車を手押しする姿が確認できる（下）。
出典：アレクサンドル・ヤコベーツ提供。

図33　新聞の見出しを飾る「祖国防衛」の文字
出典：アレクサンドル・ヤコベーツ提供。

二　陸上交通への影響

洪水は陸上交通にも大きな影響を与えていた。八月五日ソ連軍参謀本部は、ザレチエ（Заречье）―ムラモルヌィ

（Мраморный）間の道路の建設のための建設大隊を派遣した。その際、大雨の後に道路を作ることになったため、兵士は草を手でもぎ取り、それを縛って束を作り浸水しているところに敷きつめ、砂で埋めるという途方もなく時間と労力のかかる作業を行った。午後になってようやく大鎌が届いたため草刈りの効率が向上し、無事道路を完成させ車列を通過させることができた[41]。しかし道路の至るところに泥濘にはまったトラクターや自動車が停まっており、完全に浸水した場所では、動けなくなったトラクターや自動車に小舟で近づいて積載していた食糧を回収するなど、深刻な浸水被害が出ていた[42]。

大雨と洪水で陸上交通が寸断されたことにより、ソ連軍には孤立する部隊が出ており、住民の船に頼らなければ兵站活動を維持できない程甚大な被害が出ていたのである。

住民の大規模で組織的な参加が明らかとなったことで、従来の評価とは異なる事件像が明らかとなった。すなわち、ソ連極東地方の住民にとって張鼓峯事件は、ただの国境紛争ではなく、祖国防衛戦ともいえるような地域的な「総力戦」だったのである。

註

（1）Кольтюков А. А.“Вооруженный конфликт у озера Хасан: взгляд из XXI века (вместо предисловия)”. Резник Н. И. *На границе тучи ходят хмуро...(К 65-летию событий у озера Хасан)*. Москва. 2005. С. 6.

（2）Яковец А. П. *ПОДВИГ НА ГРАНИЦЕ 75лет военному конфликту у озера Хасан 1938-2013*. Владивосток. 2013. С. 128.（筆者試訳）

（3）Там же.

（4）Там же.（筆者試訳）

（5）Там же.（筆者試訳）

（6）Там же. С. 130.
（7）АРХИВ ПРИМОРСКОГО КРАЯ（沿海地方公文書館。以下 АРХИВ П. К. と表記）. Ф. 85. Оп. 1. Д. 210. Л. 76.
（8）Там же. Ф. 89. Оп. 2. Д.64. Л.13.
（9）参謀本部『支那事変史特号　張鼓峯事件史草案』（以下『張鼓峯事件史草案』と表記）（一九三九年）三一四頁（防衛省防衛研究所戦史研究センター所蔵）。
（10）同右、三一七―三一八頁。
（11）同右、三一八頁。
（12）АРХИВ П.К. Ф. 2. Оп. 1. Д.78. Л.15-16.
（13）Там же. Ф. 89. Оп. 2. Д.64. Л.4. 参加したのはザイチェンコ（А.А.Зайченко）、テレンチエワ（Ж.Н.Терентьева）、ヴラセンコ（Власенко. Н.）、ダニリュク（Данилюк）の四名。（筆者試訳）
（14）Там же. Ф. 89. Оп. 2. Д.64. Л.4-4об.
（15）Там же. Ф. 2. Оп. 1. Д.78. Л.6. アレクサンドル・ブラジュニコフは一九二四年生まれ。ポシエト村の中学生共産少年団員。
（16）Там же. Ф. 2. Оп. 1. Д.78. Л.15.
（17）Там же. Ф. 2. Оп. 1. Д.78. Л.16. ドロジュキンはその功績により第五九国境警備隊司令部から高価な贈呈品の授与を推薦された。
（18）一ツェントネル（Центнер）は一〇〇kg。
（19）АРХИВ П.К. Ф. 2. Оп. 1. Д.78. Л.16. 漁獲高二、〇〇〇ツェントネルを記録したのはコトリャロフ・ワシリー・イワノヴィッチ（Котляров Василий Иванович　一八九八年生まれ。全ソ連共産党員。引網船№２船長）。（筆者試訳）
（20）Там же. Ф. 2. Оп. 1. Д.78. Л.1-14.（筆者試訳）
（21）Яковец. указ. соч. С. 130.
（22）АРХИВ П. К. Ф. 89. Оп. 2. Д.64. Л.19.
（23）Там же.（筆者試訳）
（24）朝電情第六十二号、島田文書一一一「満蘇国境事件関係電綴（其ノ二）」（東京大学社会科学研究所所蔵）。
（25）『張鼓峯事件史草案』三二六頁。
（26）АРХИВ П. К. Ф. 2. Оп. 1. Д.78. Л.1.（筆者試訳）

（27）Там же. Ф. 2. Оп. 1. Д.78. Л.1-2.（筆者試訳）
（28）Там же. Ф. 2. Оп. 1. Д.78. Л.2.（筆者試訳）
（29）Там же. Ф. 2. Оп. 1. Д.78. Л.2-3.（筆者試訳）
（30）Там же. Ф. 2. Оп. 1. Д.78. Л.3.（筆者試訳）
（31）Там же.（筆者試訳）
（32）Там же. Ф. 2. Оп. 1. Д.78. Л.4.（筆者試訳）
（33）Там же. Ф. 2. Оп. 1. Д.78. Л.5.（筆者試訳）
（34）Там же.（筆者試訳）
（35）Там же. Ф. 2. Оп. 1. Д.78. Л.5-6.（筆者試訳）
（36）史料には Жук Пер Петрович と記されているが、Пер（ペル）はロシア人の名前としては一般的ではなく、Пётр（ピョートル）の打ち間違いであると判断し、本論文では Пётр の表記に訂正した。
（37）АРХИВ П. К. Ф. 2. Оп. 1. Д.78. Л.7.（筆者試訳）
（38）Там же. Ф. 2. Оп. 1. Д.78. Л.9.（筆者試訳）
（39）Там же. Ф. 2. Оп. 1. Д.78. Л.10.（筆者試訳）
（40）Там же. Ф. 2. Оп. 1. Д.78. Л.14.（筆者試訳）
（41）Резник Н. И. *На границе тучи ходят хмуро...(К 65-летию событий у озера Хасан).* Москва. 2005. С. 288.
（42）Там же.

第六章　事件の教訓

張鼓峯事件の教訓については、クックスが既に両軍の教訓をまとめている(1)。特に日本側の教訓については、限られた史料を駆使した研究が行われているため、大局的な教訓に関しては新しい発見は難しい。しかし史料の細かい部分に関しては、未だ研究成果としてまとめられていない教訓があるため、本書ではそれらを中心に取り上げることにした。

ソ連側の教訓についてもクックスによる先行研究があるため、本書では極東地方が得た教訓に注目し、新しい視点からソ連側の教訓をまとめることにした。

第一節　日本側の教訓

ソ連軍の第二次奪回攻撃を受けた第一線では、自発的撤収すら示唆する状況であり、日本軍はまさに限界寸前で停戦を迎えたといえる。

こうした状況ではあったが、機械化されたソ連軍との初めての近代戦を経て、日本軍は貴重な教訓を得ていた。特に主力としてソ連軍と戦った第七五連隊が残した教訓は、今後の研究にも有益であると考える。従って、第七五連隊が得た教訓を左にまとめることにする。

歩兵第七五連隊が得た教訓は次のとおりである。

ア　こちらが消極受動の態勢であると、敵はこれに乗じて侮ることのできない戦力を統合発揮する。

イ　敵の最大限の戦力の統合発揮は、砲撃、爆撃、戦車の前進、歩兵の前進の順である。この四者の統合発揮は、ソ連軍が最善を尽くすことのできる戦闘威力である。

ウ　敵飛行機の爆撃、地上攻撃は周到な準備をして対応すれば、何ら損害を与えるものではない。

エ　対空射撃は事前に工事を実施し、安心して敵機を撃墜できるよう準備する必要がある。

オ　敵の戦車攻撃はなにも恐れる必要がなく、戦車の能力も優良ではないと判断できる。

カ　我が軍の連隊砲、速射砲を以て行う対戦車射撃は極めて有効である。この種の火器がある限り、敵戦車は断じて恐れるに足らない。このため、これらの対戦車砲が、事前に行われる敵の集中砲火で破壊されないように着意することが極めて肝要である。

キ　戦車に対する肉迫攻撃は爆薬を以て行うことが有効である。対戦車地雷は、土地が堅硬でない場合には破裂しないばかりか、動作に巧妙を要し適切ではない。

ク　陣内に突入した戦車は恐れるに足らない。特にソ連軍の歩兵は肉弾戦を嫌忌しているため、少数の戦車ならば陣内にて行動が遅緩な時に一撃にこれを爆破することが可能である。

ケ　敵歩兵は日本軍の銃剣突撃に対し最大の恐怖を有し、突撃を受けると一切の兵器を棄て潰走するのが普通である。

コ　敵の歩兵火器は小銃、軽機、重機、擲弾銃、自動小銃、狙撃銃、手榴弾等であり純然な火力本位である。

サ　歩砲協同の極致を発揮することは、対ソ連軍戦闘に於いて最も重要な研究問題である。将来さらに根本的研鑽を要する点は少なくないと認められる。

シ　陣地戦に於いてはみだりに出撃しないことを可とするのみならず、出撃の場合には、銃砲火の組織力を以て、後方の敵重火器を先ず撲滅した後実施すれば敵に損害を与えられることが多い。

ス　戦勝は銃剣を信頼する最後の五分間にあり。

セ　第一線将校は政治外交の問題を超越して、与えられた戦闘任務に決死になることが最も肝要である。また「友軍相救う」の国軍の伝統を益々強調することが国軍の急務と思われる。

ソ　歩兵に協力する工兵は能力優秀にして歩工協同の精神を遺憾なく発揮することを得た。

タ　補給困難な状況下に於ける戦闘は、著しく第一線の戦力を消耗し、常に不安に悩まされる。

チ　ソ連軍に対しては常に機先を制することに依り、著しく敵の戦意を喪失させることができる。

ツ　我将兵は実に勇猛果敢にしてソ連軍に対する必勝の信念牢固である。(2)

これらの教訓を考察すると、日本軍は戦車、飛行機を投入しないばかりか国境線を越えての追撃すらできない専守防禦の戦いが、ソ連軍を勢いづかせてしまったと考え、機先を制することでソ連軍の戦意を削ぐことができると捉えていたといえる。

敵の攻撃については、砲撃に大きな注意を払っている一方で、飛行機については事前の準備を整えればそれ程恐れる必要がないとし、特に戦車については実際に擱座させた数が多かったことにより、非常に低い評価を下していた。

またソ連軍を火力のみに信頼を置く軍隊だと強調しており、近代戦を経験してもなお最後は肉迫突撃すれば歩兵も戦車も撃退できるという分析を行っていたことが読み取れる。

現時点で因果関係は明らかでないが、これら張鼓峯事件の教訓と翌年のノモンハン事件における関東軍の行動は、一見すると多分に重なっているようにも見えるのである。

しかし、関東軍が朝鮮軍の教訓をどこまで摂取していたのかについては、今日でも議論が分かれるところである。

近年明らかにされた対ソ通信情報に関しても、関東軍と朝鮮軍の関係が注目されている。情報活動の主体として対ソ情報活動で一定の成果を挙げていた関東軍ではあったが、作戦部隊が朝鮮軍であったことにより、その成果が上手く活かされなかったという隔たりが指摘されている。(3)

張鼓峯事件における朝鮮軍の教訓を関東軍がどこまで検討したかという問題については、今後さらなる研究の余地がある。しかしながら、一般的には本来満ソ国境防衛任務を担っていた関東軍が朝鮮軍の教訓を真剣に検討することはなく、結果的に絶対不拡大の防禦戦という特殊な戦例として扱われ、張鼓峯事件の戦訓利用は熱意あるものではなかったとされている。(4)

第二節　ソ連側の教訓

ソ連は張鼓峯事件の終了と共に赤軍の勝利を大々的に宣伝し、作戦に従事した多くの軍人にソ連邦英雄の称号や赤旗勲章を授与し士気の高揚に努めた。(5)さらに、この〝勝利〟について、ソ連の公刊戦史である『ソ連軍事大辞典　第八巻』には次のように記されている。

（前略）ハサンにおける日本人の敗戦は極東地域における日本のソ連侵略計画に大きな打撃を負わせた。この戦闘行為はソヴィエトの高い精神的政治的資質と、ソ連軍の戦闘教練の高さ、機械化部隊の信頼性、ソヴィエト憲章の基礎原理と訓令の正当性を証明した。ソ連軍部隊はこの戦闘で、後にソ連軍の戦備拡大につながるいくつかの戦闘経験と各兵科の協同作戦や部隊指揮についての問題の答えを得た。（後略）(6)

ソ連側がこの紛争で何らかの教訓を得たことは確かであるが、その記述内容を確認すると、自国の政治理念の正当性と屈強なソ連軍を国内外に宣伝する材料として張鼓峯事件を利用していることが窺える。つまりこうした公刊戦史は、研究書というよりはプロパガンダの色合いが強いのである。

実際にソ連の一次史料を確認すると、公刊戦史とは異なる評価や指摘を行っているものが多数存在する。一九三八年九月四日にヴォロシーロフ元帥が、指揮系統や兵站について次の教訓を得たと述べている。

（前略）この数日間の出来事は極東方面軍の大きな欠陥を明るみに出した。前線部隊の司令部設置、指揮官の構成などの戦闘準備はあまりにもレベルが低かった。軍の各部隊はバラバラで戦闘できるような状態ではなかった。各部隊の兵站は規律のないものであった。極東地域は戦争に対し準備ができていなかったということがわかった。（後略）(7)

これは前述の『ソ連軍事大辞典　第八巻』の評価と著しく矛盾するもので、指揮系統や兵站活動の不備のほかに、極東地域全体に問題があったとしている。そこで沿海地方公文書館の史料を用いて、極東地域が得た三つの教訓を示し考察する。

第一に防空及びガス防護に関する教訓が挙げられる。ヴォロシロフ市の党組織は、事件がまだ終結していない八月九日、五つの問題を解決する必要があると述べており、その内三つが防空・ガス防護への対応であった[8]。内容は左のとおりである。

ガス防護室、ガス防護のための物資、洗浄施設のための各種備品、研究所のための設備、電気系統のための非常用予備、消防車、その他計画に入っている物を適時にそして計画どおりに獲得する。

最終的な空襲時の防衛の方法と手段――この問題は資金、設備、そしてより正確で技術的な指示にかかっている。これらの問題の解決には、全ソ連邦共産党の組織委員会、地方委員会の援助が不可欠である（後略）。

市に大人用ガスマスクが四～五万個、子供用ガスマスクが二万五〇〇〇～三万個届けられる必要がある[9]（後略）。

張鼓峯事件では日本軍は不拡大方針に徹したため一機の飛行機も投入しておらず、化学兵器も使用していないが、ソ連側の史料を考察すると、極東地方は防空・ガス防護への不備に対して強い懸念を抱いていたことが窺える。

ノモンハン事件翌年の一九四〇年、日本はソ連軍のガス防護装備について次のような評価を行っている。

蘇軍と云う依りは蘇連に於ては防護資材の普及及之が取扱教育は相当徹底しあり満蒙国境事変（引用者註―ノモン

ハン事件）の鹵獲品等に就て見るに器材其のものも相当精良にして装備も亦十分普及しあるものの如し[10]（傍点は筆者）

ソ連軍だけではなく、ソ連の一般水準におけるガス防護能力を高く評価している。ガス防護に関しては、張鼓峯事件の際に地域レベルで感じた恐怖が教訓となり、ノモンハン事件の時までに生かされていたのではないだろうか。

防空については、ヴォロシロフ市で空襲に備えて八月四日から十三日まで市内で灯火管制が実施され、防空の行動基準を習得できるよう住民を組織していたことが記録に残っている。[11]また成人男性は一〇日間に及ぶ徴兵前の召集で防空準備に当たった。[12]

同市では五つの毒ガス避難用の地下室の建設を終えたが、内部に必要な備品は不足していたとされる。この原因は資金的な問題ではなく、むしろ市は一八〇万ルーブルにも及ぶ資金をガス防護用に支出していた。それにもかかわらず、実際に消化された金額は五〇万ルーブルと予算の三分の一以下であり、用意された予算を適切に執行できていなかったことが原因であった。[13]予算はガス防護用ではあるが、他にも工場設備（消防車、毒ガス除去室、その他備品など）の充実も計画として入っており、この計画を実行しなかったことが予算の消化不良につながったとされている。[14]

ヴォロシロフ市だけでも最大八万個にも上るガスマスクを要求し、毒ガス除去室や消防車などを購入計画に入れていることから、ソ連極東地方は国境紛争がソ連領内に広がり、日本軍が侵攻してくることを想定していたといえる。

第二に病院を中心とする医療衛生に関する教訓が挙げられる。住民は医者や看護婦ではないため、各地の病院で当直や洗濯、飲食の補助といった支援活動を行っていたが、負傷兵を受け入れる病院そのものに大きな問題があった。

一九三八年九月二十七日、メルクロフ（Меркулов. 姓、父称不明）沿海州保健部主任は、ヴァシリー・デメンチエフ（Василий Фёдорович Дементьев）州局長やシュテルン参謀長などに宛てた文書の中で、張鼓峯事件によって沿海州の「医療衛生施設の充実度が極めて不足していたことが明らかになった」[15]と報告している。

具体的には、三〇〇名の負傷兵が医療サービスを受ける必要があった時、病院に寝台が六〇台しかなく、包帯や手術器具も不足しており、多数の負傷者を受け入れる準備ができていなかったのである。また補給を担当した委員会には必要な在庫がなく、非常時にもかかわらず補給を有償で行っていたことも指摘されている。[16]

前線の衛生局の対応についても不備が記されており、史料によればウラジオストクへの負傷者の搬送が最も多かった時、前線の衛生局は州軍事委員部の指示により、医療行為ができる医者をヴォロシロフ市に一五名、国境部隊に六名、州軍事委員部に八名、海軍の衛生局に四名と計三三名も召還してしまった。ウラジオストクに運ばれてきた負傷兵には外科的な医療が必要であったが、残った医者は外科の専門医ではなく、技術・知識共に十分ではなかった。さらに驚くべきことに召還された三三名の医者は、事件とは全く関係ない仕事に使われたのである。[17]

メルクロフ沿海州保健部主任は、こうした衛生局の一連の対応では負傷兵への十分な医療援助が期待できないとして、不測の事態に備えた非軍事の保健機関の再編についても指示を出すよう報告書の中で求めている。[18]

医者が不足していたのはウラジオストクだけではない。ヴォロシロフ市では、四〇〇名が受けることができる外科医療を重視した国防衛生訓練基準二等級の夜間コースと看護婦・助手用のコースが組織された。そして、自警団長六〇名、班長三五名、通常要員七八〇名を輩出するなど医療衛生及び防衛に関しては独自の対応を取り、住民をいつでも医療現場に投入できるよう準備を整えていた。[19] 極東地方の病院は人員・医療設備の不足に加え、その運用にも大きな問題があったのである。

第三の教訓は、各委員会の対応に関する教訓である。八月初旬には極東地方のすべての労働を戦時に切り替える必要性を党の活動部は認識していたが、地区執行委員会や地区委員会は何の援助もしなかったのである。[20]

また、ヴォロシロフ市では事件当時、市内にあった全自動車の五〇%がタイヤの欠如により動かすことができなかったとして、タイヤを含む非常用の備品の確保を課題とした。(21)

国境付近では日本軍の砲撃により電話通信が破壊されたがすぐに復旧されず、電話はもちろん最も重要な時にラジオを聴くことすらできない状況であった。(22)

国防の任務に当たった委員会は怠慢な態度であり、男性が動員された時の代わりの人員（特に女性）や馬、自動車、馬具、荷馬車なども用意していなかったのである。さらに有事に備えた兵役義務者の数すら把握しておらず、村ソヴィエト単位では成人男性の短期召集すら消極的であった。(23)

第五章で考察した住民の高い士気と献身的な支援とは反対に、極東地方の各委員会は人員・物資共に国境に面した地方としては有事に対して著しく準備不足であり、彼らの危機意識は致命的に欠如していたのである。こうした各委員会の一連の不備・不足・危機意識の欠如は、まさにヴォロシーロフ元帥が述べた「極東地域は戦争の準備ができていなかった」という総括につながるものである。

註

（1）アルヴィン・D・クックス『もう一つのノモンハン　張鼓峯事件　1938年の日ソ紛争の考察』岩崎博一・岩崎俊夫訳（原書房、一九九八年）三六二—三六九頁。クックスは「ソ連が得た教訓」「日本軍がソ連軍について得た教訓」「日本軍が日本軍について得た教訓」と両国の視点から考察を行っている。

（2）歩兵第七十五聯隊『歩兵第七十五聯隊　張鼓峯事件戦闘詳報　2／2』（防衛省防衛研究所戦史研究センター所蔵）一〇〇—一〇一頁、一〇三—一〇八頁。

（3）宮杉浩泰「昭和戦前期日本軍の対ソ情報活動」（『軍事史学』第四十九巻第一号、二〇一三年）一〇六頁。

（4）防衛庁防衛研修所戦史室『戦史叢書27　関東軍（1）　対ソ戦備・ノモンハン事件』（朝雲新聞社、一九六九年）四一六頁。

（5）同右、四一四頁。

（6）Гречко А. А. *СОВЕТСКАЯ ВОЕННАЯ ЭНЦИКЛОПЕДИЯ.* Т. 8. Москва. 1980. С. 367.（筆者試訳）

（7）РОССИЙСКИЙ ГОСУДАРСТВЕННЫЙ ВОЕННЫЙ АРХИВ（ロシア国立軍事公文書館）. Ф. 4. Оп. 11. Д.54. Л.19. 史料番号 Ф は Фонд、Оп は Опись、Д は Дело、Л は Лист の略。（筆者試訳）

（8）残りの二つは主に施設、設備、備品の不足についての指摘である。

（9）АРХИВ ПРИМОРСКОГО КРАЯ（沿海地方公文書館。以下 АРХИВ П.К. と記す）. Ф. 85. Оп. 1. Д.210. Л.77-78.（筆者試訳）

（10）陸軍技術本部編『蘇軍｛化学戦資材、通信器材、爆発器材、地雷類｝概説』（一九四〇年、防衛研究所戦史研究センター所蔵）三七頁。同史料の所在については、宮杉浩泰「張鼓峯事件における日本陸軍の情報活動」（『Intelligence』第十三号、二〇一三年）四六頁を参照。

（11）АРХИВ П. К. Ф. 85. Оп. 1. Д.210. Л.76.

（12）Там же. Ф. 85. Оп. 1. Д.210. Л.77.

（13）Там же.

（14）Там же.

（15）Там же. Ф1. Оп. 1. Д.738. Л.8.（筆者試訳）

（16）Там же.

（17）Там же.

（18）Там же.

（19）Там же. Ф. 85. Оп. 1. Д.210. Л.76-77.

（20）Там же. Ф. 27. Оп. 1. Д.46. Л.27.

（21）Там же. Ф. 85. Оп. 1. Д.210. Л.77.

（22）Там же. Ф. 27. Оп. 1. Д.46. Л.28.

（23）Там же.

第七章　停戦時の再検討

第四章で述べたとおり、ソ連軍は日本軍の約三倍も多くの損害を出していた。しかしながら張鼓峯事件は国境紛争であるため、損害の大小だけで勝敗を結論づけることはできない。たとえ敵より多くの損害を出したとしても、最終的に目的を達成した方が勝ちなのである。ソ連軍が多大な損害を出していたことで、日本軍が一方的に近代戦の洗礼を受けたという評価は改めることができたと考える。しかしながら、張鼓峯事件最大の謎は、停戦を迎えた時、張鼓峯を獲得していたのは日本軍とソ連軍のどちらだったのかという点である。

停戦時点で日ソ両軍のどちらが張鼓峯を獲得していたかについては、事件の評価を決する重要な要因となる。そこで、両国の従来の主張を日本側の主張とソ連（ロシア）側の主張の順に整理し、その後停戦時の張鼓峯の獲得状況について結論を出す。

第一節　日本側の主張の整理

第一章で日本側の定説を示した際にも触れたが、日本側の史料から見ると、停戦時に張鼓峯の頂上部を占領していたのは日本軍だったことになる。しかし、ソ連軍が占領していたと主張する二次史料も存在する。

重光葵は回顧録の中で、「日本軍は張鼓峰の奪回に成功したものと思っていた。（中略）しかし事実はこれに反して、ソ連軍は八月十日には既に日本軍を撃退し、張鼓峰の頂上を回復」していたと記している。

また、関東軍の辻政信少佐（当時）は、朝鮮軍が専守防禦に徹したことを「脚を縛られて喧嘩するような戦いに勝味のある筈はない」(1)と批判し、停戦については「不首尾の結果を以て局を結んだ」(2)と朝鮮軍の任務失敗を示唆している。

当時の在ソ連日本国大使と関東軍参謀という二人の主張は、その立場からして信憑性が高いように思えるが、実は少数派である。日本の史料・文献を始め、事件に関わった他の人物は張鼓峯を日本軍が占領していたと主張している。

外務省情報部は「不法占拠せるソ軍を撃退、執拗猛烈なる逆襲に屈せず国境線を死守」(3)と事件を評価しており、頂上部の守備を全うしたと報じている。(4)

稲田大佐は停戦目前の八月十日、ソ連軍の攻撃により張鼓峯南稜の一角を占領されたが、結果として「第十九師団は遂に不敗であった」(5)と述べ、「この十一日間の苦闘の成功は、従来の日本軍の戦史には真に稀覯の戦例」(6)と、その戦果を高く評価している。

参謀本部第二課部員であった西村敏雄中佐は、「明に日本軍隊は国境線ぎり〳〵の処迄出て居り「ソ」側はマダ〳〵国境線に近寄って居らない」(7)と述べている。

尾高師団長は、張鼓峯事件について「我軍は張鼓峰付近一帯の敵を撃破して之を占領し、爾後蘇軍の猛攻撃を常に撃退して之を確保した」(8)と回顧している。また、「本戦闘に依って、我兵団は国境線警備の責任を的確に遂行したと断言し得る」(9)と強調し、第十九師団の国境警備任務は達成されたとの認識を示している。

当時歩兵第七三連隊の連隊砲中隊長であった冨永亀太郎大尉（当時）は、停戦直後の八月十一日の夕刻「歩七五連隊長佐藤大佐は、特に尾高中将の許可を受け、一本、須子両少佐を従えて軍旗を奉じ、張鼓峰頂上に登った[10]」と当時の様子を回顧している。加えて、この時佐藤大佐が、頂上の守備を行っていた歩兵第七五連隊第二大隊を指揮して、東方の日本を遥拝し黙禱を捧げ、その場にいた一同がお互いに抱き合い、感極まって涙を流したという具体的な様子も記している。

さらに冨永大尉は同回顧録の中で、重光大使が前述のとおり日本軍が頂上を占領したと思っていたが、実際はソ連軍が占領していたと記述したことに対して、「なにを根拠としたものか」「たえがたい侮辱であり、奇怪至極」であると強い表現で批判している[11]。

また大城戸部隊の一員であった赤石澤邦彦伍長（当時）も「戦友よ、安らかなれ。我等は勝ったのだ」と自身の回顧録を結んでいる[12]。

主要先行研究における見解も考察する。秦郁彦は、天皇が日本軍による七月三十日の夜襲と高地奪回を受け入れたのは、賞賛する代わりに専守防御の態勢を守らせ、外交交渉に移した方が得策だと考えたという推測をしており、結果として第十九師団が張鼓峯と沙草峯の「両高地を守り抜いた[13]」と述べている。

中山隆志は、事件の概要について、日本軍の一次史料と西村敏雄中佐の回想録[14]を引用し、日本軍は七月三十日の夜襲によって張鼓峯から沙草峯の稜線一帯を占領し、停戦まで同線を死守し「面目を完うすることができた」と述べている[15]。

クックスは、停戦時の日本軍の状況については、決して楽観できる状況ではなく、外交交渉で一方的な撤退を申し出る程の状況ではあったと前置きをしながらも、「日本軍は推測するところ国境線まで前進した[16]」と結末を述べている。

クックスが記したこの〝国境線〟は、張鼓峯の稜線を国境としたソ連側主張の国境線であるため、〝国境線まで前進した〃のであれば、日本軍とソ連軍が頂上の稜線を隔てて対峙していたことになり、引き分けの状態だったと解釈することもできる。[17]

このように、主要文献を考察するとソ連軍が頂上部を占領していたと結論づけている文献は極く少数であり、大多数は日本軍が頂上部を占領していたことを結論としている。

しかし、事件終結後から今日に至るまで、張鼓峯事件で日本軍が勝利したとする論考が定着することはなかった。むしろ日本軍が敗北を喫したという向きが強いのである。

なぜこうした史料・文献に反する事件像が一般的になってしまったのだろうか。筆者は二つの原因があると推測する。

一つは東京裁判である。東京裁判では、張鼓峯事件を「明白な日本の侵略」とし、その結果についてはソ連軍によって「日本軍は打ち破られ、ほとんど全滅した」[18]と結論づけられたのである。

もう一つは、『戦史叢書27　関東軍（1）』の影響が考えられる。同書における張鼓峯事件の最終記述部分「張鼓峯戦闘に関するわが方の研究」の後に〃注〃として、辻政信の『ノモンハン』の一節が次のように併記されているのである。

注　辻政信著「ノモンハン」の一節に『…張鼓峯事件はかくして侵されたままで幕を閉じた…この時徹底的に膺懲し実力をもって主張を貫徹していたら、恐らくノモンハン事件は惹起しなかったのではなかろうか…（中略）「寄らば斬るぞ」の断固たる威厳を備えることが、結果において北辺の平静を保持し得るものであるとの信条は、軍司令官以下全関東軍の透徹していた考え方であった…』とある。これはまさしく当時の関東軍作戦課の空気を描写して余すところがないものであろう[19]。

この注は、停戦後に日本軍が衝突を避けるため豆満江右岸に撤退した後に、ソ連軍が停戦合意に違反して不法に張鼓峯を占領したことに対する記述であり、停戦時の話ではない[20]。また関東軍が専守防禦に徹した朝鮮軍に対して歯がゆい思いをしたということを示すための注でもあるが、本文の結論部分の直後に記されているため、あたかも張鼓峯がソ連軍に「侵されたまま」停戦を迎えたかのような誤解を与えるのである。

日本の公刊戦史の結論部分に併記された辻の記述が、日本における張鼓峯事件の定説形成に少なからず影響を与えたのではないだろうか。

本来『戦史叢書27　関東軍（1）』が、停戦時の配置についてどのような分析を行っているのか考察すると、日本軍が頂上を占領していたとは明言していないものの、その状況を示すように記述している。

停戦前日の八月十日の夕刻、日本軍は歩兵第七五連隊の諸隊を「張鼓峯南東側及び頂上の大部」に配備しており、この配備のまま停戦を迎えたと記している[21]。この記述から、頂上部は日本軍がほぼ占領し、東南斜面を占領していたソ連軍とはかなり接近していたことが窺える。

以上のように日本側の主要な史料・文献を考察すると、日本の主張としては、停戦時に日本軍が張鼓峯頂上部の大部分を占領していたという結論が多数を占めているのである。

第二節　ソ連・ロシア側の主張の整理

筆者の管見の限りではあるが、近年公開されたソ連側史料で停戦時にソ連軍が張鼓峯を占領していたことを明確に記しているものはない[22]。

ではソ連・ロシアでは、停戦時の配置についてどのような主張が行われてきたのだろうか。国防省の記述や過去に刊行された張鼓峯事件に関する主要文献を中心に考察し、その主張を整理していく。

ロシアでは、国防省のホームページで戦史を公開しており、その中で張鼓峯事件を独立した項目として取り上げている。ロシア連邦国防省の見解であるため、ここで公開されている戦史をロシア側の定説として理解しても問題ないであろう。

国防省が公開している張鼓峯事件のタイトルは、「一九三八年七―八月のハサン湖における日本軍の敗北」である。タイトルからも明らかなようにロシア側の定説では、ソ連軍勝利の国境紛争となっている。

張鼓峯をソ連軍が占領したとする記述は次のとおりである。

この日（引用者註―八月六日）の終わりに第四〇狙撃師団第一一八連隊は、突撃によって張鼓峯を占領した。モシュリャク（И.Н.Мошляк）中尉は、最初に高地に突撃し、そこにソ連旗を立てた。

（中略）

八月九日、第三二狙撃師団の部隊は、張鼓峯の頂上部から日本人を叩き出し、国境の向こう側に撃退した。五二

図34　張鼓峯事件後に高地獲得を再現するソ連兵の写真
出典(左)：アレクサンドル・ヤコベーツ提供。
(右)：ロシア連邦保安庁国境局極東地方支部博物館所蔵。

高地も奪還した。
（中略）
八月九日、それまでに日本人によって占領されていたすべての領土はソ連によって奪還されたが、敵の反撃は衰えなかった。ソ連軍は獲得した状態を強固に持ちこたえた。敵は大損害を被り、八月十日後退を余儀なくされた。(23)

この文章から読み取れることは、ロシアでは八月六日に既に張鼓峯を奪回し、九日には国境線一帯を奪回して、その状態のまま停戦を迎えたということである。そしてこの定説は、他の研究書からも読み取ることができる。

ボリス・スラヴィンスキーは、八月六日から九日にかけてソ連軍が猛攻撃を加えたことにより、「日本軍は占領拠点から追い払われた」とロシア側の定説どおりの結論を示している。(24) 彼はロシア人でありながら紛争のきっかけについては、ソ連国境警備兵の進出であったと主張しているが、結末に関してはロシア側の定説を引用している。(25)

ロシア国防省戦史研究所所長（二〇〇三年当時）を務めたA・

Ａ・コリチュコフ（A. A. Кольтюков）は論文で、「八月八日に第四〇狙撃師団第一一八狙撃連隊が張鼓峯を占領し、頂上に赤旗を立てた。（中略）八月六日から九日の期間に第三二狙撃師団は順次五二高地と沙草峯を占領した」[26]とし、この状態をソ連軍が維持したまま停戦を迎えたという主張を行っている。張鼓峯に旗を立てた日付は国防省の定説とは異なるが、八月六日から九日の期間にソ連軍が一帯の高地を占領し、そのまま停戦を迎えたという大筋は同じである。

Ａ・Ａ・コーシキン（A. A. Кошкин）も論文で「シュテルンは八月六日に総攻撃と南北からの同時攻撃によって日本軍を挟み込み殲滅することを命じた。（中略）激戦は九日まで続き、この四日間で日本軍は占領していた領土から追い払われた。（中略）ソ連軍は八月十一日までに日本軍に占領されていた張鼓峯、沙草峯などの国境線上の高地を奪還した」[27]と記している。

アレクセイ・ピコフ（Алексей Пиков）も「八月九日までに国境線は完全に回復された。（中略）日本軍は失った領土を回復しようと、九日から数日間激しい砲撃を張鼓峯頂上部に対して行った。そして八月十日の夕方と夜間に数回、頂上部の占領を目指し攻撃を行ったが成功しなかった。ソ連軍は陣地を強く維持した」[28]と事件の結末を記している。

いずれも、ロシア国防省が公開している戦史とほぼ同様の内容である。では、この〝八月六日にはソ連軍が張鼓峯を占領し、そのまま停戦を迎えた〟というロシア側の定説は、そもそもどこからきたのだろうか。

右に示した四名の先行研究では、停戦時の様子について引用元を明らかにしていない。引用するまでもない歴史的事実ということだろうか。

ロシア国防省のホームページでも引用元は明かされていないが、筆者が確認した中で最も古く、そして現在の定説と同様の内容を記しているのは、ソ連国防省が刊行した『ソヴィエト連邦の大祖国戦争史１９４１―１９４５　第一巻』[29]である。この中で張鼓峯事件について次のように記している。

第四〇師団第一一八連隊は、八月六日に張鼓峯の頂上部のソヴィエトの部分を占領した。党事務局書記官のモシュリャク中尉は、日本人から奪還したソヴィエトの領土に旗を立てた。[30]

このソ連国防省が発行した公刊戦史がロシア国防省に引き継がれ、一般的な定説として各研究書に記述されていると思われる。しかし、ロシア国防省の記述とソ連国防省の記述を比較すると、ロシア国防省の記述には重要な表現が欠落していることがわかる。ソ連国防省の公刊戦史とロシア国防省が公開している戦史の八月六日の記述をロシア語で比較する。

ソ連国防省

118-й полк 40-й дивизии к исходу дня 6 августа **овладел советской частью высоты Заозёрная**. Секретарь партбюро полка лейтенант И. Н. Мошляк водрузил на отбитой у противника высоте советское знамя.[31]（太字、傍線は筆者）

ロシア国防省

К исходу дня 118-й стрелковый полк 40-й стрелковой дивизии штурмом **овладел высотой Заозёрная.** Лейтенант И. Н. Мошляк первый ворвался на высоту и водрузил на ней советское знамя.[32]（太字は筆者）

ソ連国防省は「八月六日張鼓峯の頂上部の〝ソヴィエトの部分（советской частью）〟を占領した」と記述している。

これは、国境線は高地群の稜線を通ると主張していたソ連の認識から判断すると、頂上部の約半分を占領したと読み取ることができるのである。

あえて〝ソヴィエトの部分〟と記述していることから、頂上部を完全には占領していなかったことが読み取れる。そして、この内容がロシア国防省に引き継がれた時〝ソヴィエトの部分（советской частью）〟という表現が削られ、あたかも頂上部のすべてをソ連軍が占領したかのような定説が作り上げられたのである。

実際にロシア側の研究には、ソ連軍は頂上部のすべては占領していなかったとする論考も存在する。A・V・シショーフ（A. B. Шишов）は、研究書の中で最初に「（ソ連軍が）八月九日には北部の一部を除き張鼓峯のほぼすべての稜線を占領[33]」し、そのまま停戦を迎えたというロシアの定説と同じ記述を行っている。しかし同書の後段で自身の見解を次のように述べている。

ハサン湖での紛争は、戦争へとは発展しなかった。二人の外交官（引用者註―重光とリトヴィノフ）が驚く程、日本軍司令部は占領した小さなソ連領土から現地部隊をゆっくりと引き上げた。八月十三日まで日本軍は張鼓峯の北部稜線に留まった。五二高地と沙草峯には十五日まで留まった[34]。

このようにシショーフは、日本軍が停戦時に張鼓峯の高地北部におり、他の高地は日本軍が占領していたことを示唆しているのである。

また、K・E・チェレフコ（K. E. Черевко）も、停戦時に日本軍が頂上部に残っていたことを自身の論文の中で示唆している。

八月六日から九日の激戦の結果、ソ連軍は琿春界約の附属地図においてソ連側が国境と理解した線の向こう側に日本人を押し出した。

（中略）

八月十一日戦闘行動は停止された。張鼓峯の頂上には、ソ連の新聞雑誌で書かれたようなソ連旗は翻っておらず、日本の報道官は記者会見で旗は「頂上ではなくて、少しばかり脇のほうだ」と述べた。(35)

一九三八年十月、日本の外務省が開いた記者会見で、アメリカの記者が張鼓峯にソ連の旗が立っているという情報は本当かと質問し、外務省の報道官が「頂上ではなくて、少しばかり脇のほうだ」と回答した逸話がある。(36) 日本では、高地を占領されたため、報道官が苦し紛れにこのような回答をしたと受け取られがちである。しかしチェレフコの記述を考察すると、「ソ連側が国境と理解した線の向こう側」という表現は、張鼓峯の稜線の向こう側に日本軍を追い出したということであり、稜線の向こう側に日本軍が残っていたことを十分に示唆する書き方である。またこの表現は、日ソ両国の琿春界約における国境線認識が根本的に異なっていた事実を内含しているともいえる。

このようにロシア側にも、日本軍が停戦時に張鼓峯の頂上部に残っていたことを示唆する論考が存在するのである。そして、当時の参戦者のインタビューを用いて、それまでの定説に異議を唱えたのが、ウラジーミル・カトゥンツェフ（**В. И. Катунцев**）である。彼は論文の中で、実際の戦闘参加者の記した資料を用いて、停戦時の高地の状況を次のように説明している。

実際は、ソ連軍は張鼓峯の頂上部を完全には占領しておらず、占領したのは南東斜面だけだった。そして、稜線北部と北西斜面は日本人の手中にあった。日本人は張鼓峯の北部稜線に八月六日から十三日までおり、高地の要所を占領していた。[37]

同論文はソ連崩壊直前の一九九一年夏に発表されており、引用の大半をソ連の公刊戦史に頼っていた他の研究とは一線を画した研究成果といえる。

ここまでソ連、ロシアの主要な先行研究を考察し、その主張を整理してきたが、そこから見えてくるものは、従来の〝八月六日にソ連軍が張鼓峯を占領して停戦を迎えた〟という定説に、綻びが生じているということである。

第三節　張鼓峯占領の真相と事件の結末

前節を踏まえた上で、ロシア側の資料を用いて停戦時の配置とロシアの定説を再検討する。

カトゥンツェフは、かつてウラジオストクにある博物館[38]の館長を務めていた時に、張鼓峯事件に関する史・資料（以下、マテリアル）を個人収集していた。彼は館長という立場ではあったが、収集したマテリアルは個人所蔵だったため博物館を退職する際にそれらほぼすべてを持ち去ってしまった。[39]

そしてこの持ち去られたマテリアルの中に、当時戦闘に参加したソ連軍兵士が描いた停戦時の張鼓峯の配置図があったとされる。その現物を確認することができず大変残念であるが、幸運なことにロシア人研究者のヤコベーツが以前その実物を目にしており、克明に記憶していた。そして、ヤコベーツにその配置図を再現してもらうことができ

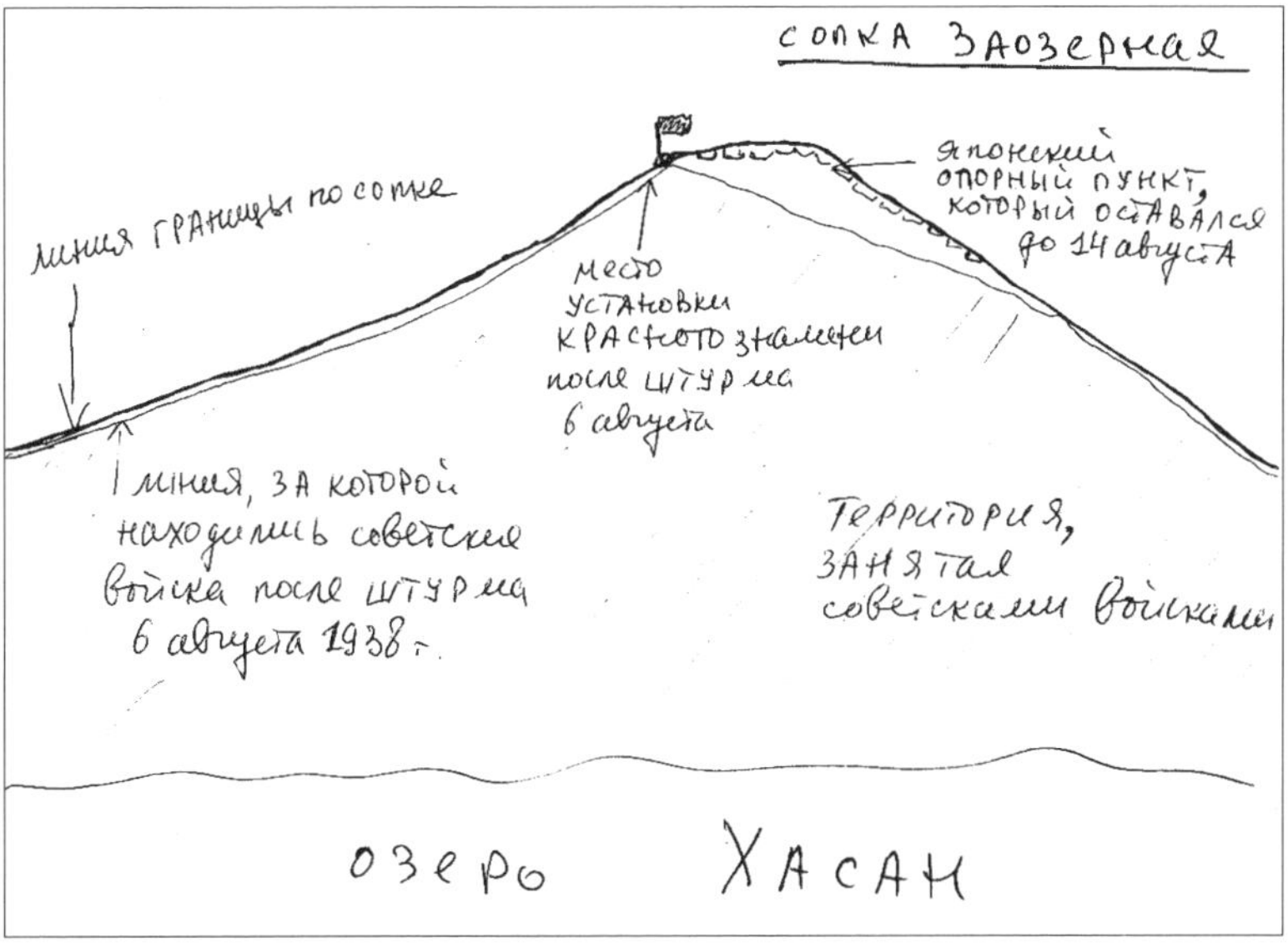

図 35　停戦時のソ連軍の張鼓峯占領状況（再現図）
出典：アレクサンドル・ヤコベーツ提供。

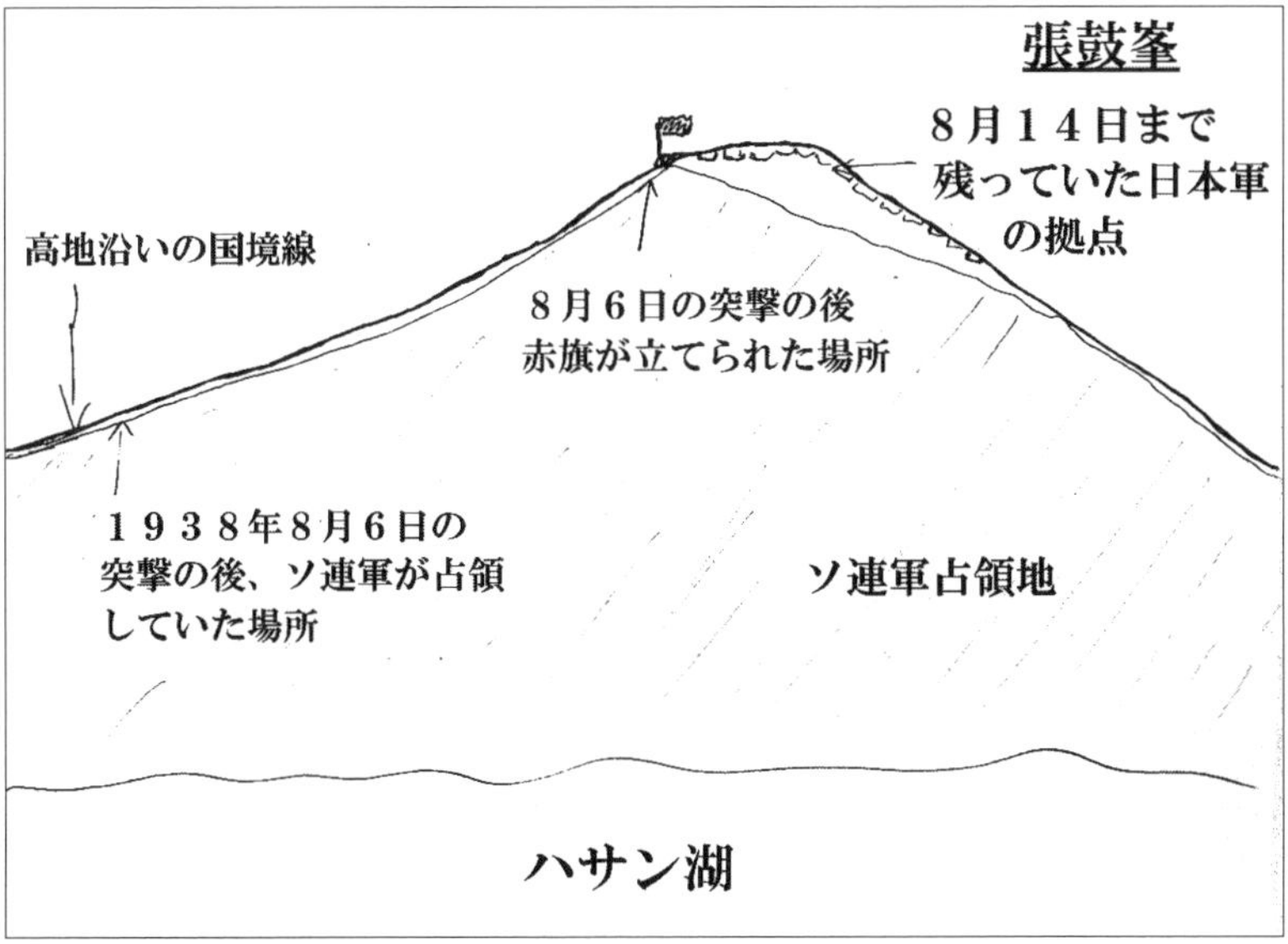

図 36　図 35 の日本語訳
図 35 を基に筆者作成。

ハサン湖の位置から判断して、再現図の手前が東である。

た[40]（図35、36参照）。

そしてこの再現図は、頂上部の大部分を日本軍が占領していたことを示しているのである。再現図からも明らかなように、ソ連軍が頂上部に旗を立てたというのは事実のようだが、それは頂上の中央ではなく、頂上の端の部分であった。まさに日本の外務省報道官が述べたように「少しばかり脇のほう」だったのである。

日本は、東南斜面以外は占領したと主張しており、本再現図は日本の主張とも整合性が取れている[41]。

ソ連軍は張鼓峯の稜線まで達することができず、頂上の東南部一角に旗を立てたに過ぎなかったのである。

再現図によりソ連軍の配置は明らかになったが、同時にここで一つの疑問が生じる。日本軍がほぼ頂上部を占領していたにもかかわらず、なぜリトヴィノフ外務人民委員はソ連軍の配置に満足し、外交交渉で停戦に応じたのであろうか。

この疑問の解明は、ロシアの定説の起源に直結する。一言でいえば、高地を占領したという現地部隊の不正確な情報が中央に上がってしまったからである。

八月六日、第一一八狙撃連隊の政治将校だったN・ボンダレンコ（Н. Бондаренко）は、通信兵に対して張鼓峯を占領したことを第四〇狙撃師団参謀本部へ報告するよう伝えた。この情報は、その後第三九狙撃軍団を通じて最終的にモスクワに伝えられた。そして八月八日には、新聞でソ連軍が日本軍を自国領土から追い出したという報道を行うに至ったのである。

しかし、内務人民委員部はその後の調査で、実際の状態は日本軍が張鼓峯頂上部を占領していたことを知り、この報告が誤報だったことを明らかにした。これを受け内務人民委員部のアリトガウゼン（Альтгаузен）は、八月十四日にシュテルンに対して、「フリノフスキー副内務人民委員が、現地部隊の報告が誤報だったことをエジョフ内務人民委員に伝えた」と連絡を入れた。

現地部隊の報告の責任はシュテルンにあり、この時期の誤報は粛清の対象となり得るため、この連絡を受けたシュテルンは激怒したとされる(42)。

おそらく第二次奪回攻撃によって、張鼓峯の頂上部へ一時的に進出したことを知らせるボンダレンコの報告が、高地の完全なる奪回として独り歩きし、モスクワまで上がってしまったと考えられる。少しでもいい情報を早くモスクワへ報告したいという現地部隊の焦りだったのかもしれない。

これが現時点で明らかにされている〝八月六日にソ連軍が張鼓峯を占領して停戦を迎えた〟というロシア側の定説の起源であり、リトヴィノフ外務人民委員を始めモスクワが国境線を奪回したと信じてしまった原因でもある。一つの誤報が停戦をもたらしたのである。

ここまで停戦時の張鼓峯の獲得状況について考察してきたが、日ソ、日露両国の史料及び諸研究を比較分析した結果、張鼓峯の大部分は日本軍が占領していたといえる。

損害はソ連軍の方が大きく、頂上部は日本軍がほぼ占領していた。すると張鼓峯事件は日本軍が勝利した戦いだったという結論が見えてくる。

しかしながら筆者は、この二つの要因を以てしても、日本軍が「勝利した」という結論を述べることはできないと考える。

その理由は、張鼓峯の稜線を国境線と主張していたのはソ連であり、日本ではないからである。外交交渉（第三章）でも触れたように、本来日本が主張していた国境線は、稜線からさらに東側（ハサン湖の湖岸）であった。日本軍は、張鼓峯の稜線というソ連が主張した国境線と事件の象徴である張鼓峯の頂上部のほとんどを占領することはできたが、決して日本が主張した国境線までソ連軍を押し戻したわけではない。むしろ日本軍の撤収後にソ連軍が張鼓峯を獲得したのだから、停戦合意違反だとしても、結果的にソ連軍が戦闘目的を達成したのである。

また、絶対不拡大方針の専守防禦の戦いに、勝利という結論が存在し得るのかについても疑問が残る。日本軍は「勝つべからず」(43)の紛争を戦い切っただけなのかもしれない。

しかし一方で、日本軍は専守防禦という制限の中で、天皇の「朝鮮軍司令官ハ当分ノ間張鼓峰沙草峰付近概ネ現進出線付近ヲ占拠シ且右以外軍正面ノ満『ソ』国境ノ警戒ヲ厳ナラシムベシ(44)」という奉勅命令を見事に完遂したこともまた事実である。やはり日本軍は負けたのではない。

日本軍は専守防禦という困難な戦いに於いて「任務を全うした」(45)のである。ソ連軍は戦闘目的を達成し、日本軍は任務を全うした。これが張鼓峯事件の結論といえよう。

註

（1）辻政信『ノモンハン』（亞東書房、一九五〇年）三九頁。
（2）同右。
（3）外務省情報部「張鼓峰事件の反響――各国は事件を如何にみるか――」（内閣情報部編輯『週報』第九十七号、一九三八年八月）三〇頁（国立公文書館所蔵）。
（4）同右。
（5）稲田正純「ソ連極東軍との対決――張鼓峰・ノモンハン事件の全貌秘録――」（『別冊　知性　秘められた昭和史』河出書房、一九五六年）二八四頁。
（6）同右。

（7）小林龍夫・稲葉正夫・島田俊彦・臼井勝美解説『現代史資料12　日中戦争（四）』（みすず書房、一九六五年）五〇九頁。
（8）赤石澤邦彦『張鼓峰』（興亞書房、一九四一年）三四八頁。
（9）同右、三五〇頁。
（10）冨永亀太郎『われら張鼓峯を死守す』（芙蓉書房、一九八一年）二四五頁。
（11）同右、二三三―二三四頁。
（12）赤石澤『張鼓峰』三一五頁。
（13）秦郁彦『明と暗のノモンハン戦史』（ＰＨＰ研究所、二〇一四年）六二頁。
（14）『西村敏雄中佐回想録　二分冊の二』一五六頁の次頁（頁数なし）（防衛省防衛研究所戦史研究センター所蔵）。同書で「斯クシテ事ハ莫斯科《モスクワ》ノ屈服ニ依ツテ日本国家、日本軍ノ面目ヲ保チ得テ大団円ヲ見ルニ至ツタ」と残している。
（15）中山隆志「張鼓峯事件の再検討――太平洋戦争に向かって――」（『新防衛論集』第十一巻第二号、一九八三年）八五頁。
（16）アルヴィン・Ｄ・クックス『もう一つのノモンハン　張鼓峯事件　１９３８年の日ソ紛争の考察』（以下『もう一つのノモンハン　張鼓峯事件』と表記）岩崎博一・岩崎俊夫訳（原書房、一九九八年）三二〇頁。筆者は英語の原書も確認したが、同様の内容であった。Coox, Alvin D., *The Anatomy of a Small War: the Soviet-Japanese Struggle for Changkufeng/Khasan,1938* (London: Praeger, 1977), p. 317.
（17）これは筆者の推測だが、おそらくクックスは引き分けだと確信してこのように記したのではなく、日本軍は撃退されたわけではないが頂上部を占領していたと断言するには及ばず、解釈に幅のある表現を使用したと思われる。
（18）新田満夫編『極東國際軍事裁判速記録　全一〇巻』第一〇巻（雄松堂書店、一九六八年）七三五頁。
（19）防衛庁防衛研修所戦史室『戦史叢書27　関東軍（１）　対ソ戦備・ノモンハン事件』（以下『戦史叢書27　関東軍（１）』と表記）（朝雲新聞社、一九六九年）四一六―四一七頁。
（20）辻『ノモンハン』四〇―四一頁。辻は四〇頁で「たしかに我が負け」とも述べているが、これは停戦後にソ連軍が不法越境の既成事実を確保している状況について述べたものである。
（21）『戦史叢書27　関東軍（１）』三九四頁。
（22）筆者はРГВА（РОССИЙСКИЙ ГОСУДАРСТВЕННЫЙ ВОЕННЫЙ АРХИВ　ロシア国立軍事公文書館）の八月十一日の史料を確認したが、ソ連軍の張鼓峯頂上部の配置については確認することができなかった。
（23）ロシア連邦国防省ホームページ〈http://encyclopedia.mil.ru/encyclopedia/history/more.htm? id=11800884@cmsArticle〉（二〇一

四年三月三十一日確認）。（筆者試訳）

（24）ボリス・スラヴィンスキー『日ソ戦争への道——ノモンハンから千島占領まで——』加藤幸廣訳（共同通信社、一九九九年）一六一頁。

（25）同右、一五一頁、一六一頁。発端の沙草峯への進出については、クックスの研究書を引用している。

（26）Кольтюков А. А. “Вооруженный конфликт у озера Хасан: взгляд из XXI века” Кузеленков В. Н. *Военный конфликт в районе озера Хасан: взгляд через шесть десятилетий*（以下 *Военный конфликт в районе озера Хасан.* と表記）. Москва. 2003. С. 18.（筆者試訳）

（27）Кошкин А. А. “На границе тучи ходят хмуро...” *Военный конфликт в районе озера Хасан.* С. 109-110.（筆者試訳）

（28）Пиков Алексей. “Боевые действия авиации в период событий у озера Хасан” *Военный конфликт в районе озера Хасан.* С. 133.（筆者試訳）

（29）Поспелов П. Н. (председатель ред. комиссии) *ИСТОРИЯ Великой Отечественной войны Советского Союза 1941-1945. ТОМ ПЕРВЫЙ. ПОДГОТОВКА И РАЗВЯЗЫВАНИЕ ВОЙНЫ ИМПЕРИАЛИСТИЧЕСКИМИ ДЕРЖАВАМИ.* Москва. 1960.（筆者試訳）

（30）Там же. С. 235.（筆者試訳）

（31）Там же.

（32）ロシア連邦国防省ホームページ。

（33）Шишов А. В. *Россия и Япония. История военных конфликтов. Москва.* 2000. С. 461.（筆者試訳）

（34）Там же. С. 463.（筆者試訳）

（35）Черевко К. Е. “Советско-японский конфликт в районе озера Хасан в 1938г.” *Военный конфликт в районе озера Хасан.* С. 160-161.（筆者試訳）

（36）この話に関してはスラヴィンスキー『日ソ戦争への道』一六一頁で紹介されている。

（37）Катунцев И. В.“ИНЦИДЕНТ: ПОДОПЛЕКА ХАСАНСКИХ СОБЫТИЙ” *РОДИНА.* 67. 1991. С. 16.（筆者試訳）

（38）ロシア連邦保安庁国境局極東地方支部博物館。

（39）ロシア連邦保安庁国境局極東地方支部博物館に筆者確認。本書執筆に当たり、筆者は同博物館やロシアの研究者にカトゥンツェフの所在を問い合わせ、本人とコンタクトをとることに成功した。しかし彼は既に第一線を退き、ウラル地方で隠居生活を送っているためインタビューや資料の提供について協力を得ることはできなかった。

（40）再現図に関しては、ヤコベーツ氏に詳細な解説もしていただいた。

(41) 八月八日、日本軍は張鼓峯東南斜面を占領しているソ連軍に攻撃を仕掛けるが、八月九日も依然としてソ連軍が占領していた。八月十一日の停戦後の現地協定の際、ソ連軍使が張鼓峯東南稜線付近にて会見を行いたいと日本軍代表を招き、当該地をソ連兵が警備していたことから東南斜面はソ連軍が占領したまま停戦を迎えたと判断できる。

(42) Катунцев. указ. соч. С. 16. アルトガウゼンについては、インタビューしたカトゥンツェフが「確か彼の名字はアルトガウゼンだった」と但し書きをしている。

(43) クックス『もう一つのノモンハン　張鼓峯事件』三六六頁。

(44) 朝鮮軍司令部『張鼓峯事件ノ経緯』(一九三八年)四五丁。

(45) 小林ほか解説『現代史資料12　日中戦争(四)』五〇六頁。

終章

日本における張鼓峯事件の研究で、最も権威がある研究書は、本書でも何度も取り上げた防衛庁防衛研修所戦史室『戦史叢書27　関東軍（1）対ソ戦備・ノモンハン事件』とアルヴィン・D・クックス『もう一つのノモンハン　張鼓峯事件　1938年の日ソ紛争の考察』であろう。

日本の「張鼓峯事件」は、この二冊の研究書によって定説が作られていたといっても過言ではない。しかしながら、この定説にはソ連側の史料が使用されていないという決定的な不足があった。これは現実的な問題として、永らくソ連側の史料が公開されていなかったためである。このためクックスの研究書が出版されたのを最後に、日本の張鼓峯事件研究は部分的な研究を除いて停滞していた。

また日本では、張鼓峯事件をノモンハン事件の前哨戦と位置づけ、独立した国境紛争として研究対象にしてこなかったことも研究停滞の一因であろう。ロシアでは、張鼓峯事件をノモンハン事件と切り離し、単一の国境紛争として研究対象にしている。

本書では、張鼓峯事件を単一の国境紛争としてテーマに設定し、近年公開されたソ連側史料を本格的に使用することによって複数の新事実を明らかにし、定説の見直しと新しい仮説の提議を試みた。またそれらを基に張鼓峯事件全体の再評価も行った。

これまで日本で唱えられてきた「威力偵察論」が、現在ロシア側でも検討されていることは注目すべき動向である。しかし、張鼓峯事件自体を威力偵察とした稲田大佐の主張と、威力偵察の結果として張鼓峯事件が引き起こされたとするロシア側の主張では、同じ「威力偵察論」でも大きく異なっている。こうした差異が生じているのは、ロシアの研究者が日本の研究成果を曲解しているのではなく、日独防共協定に基づき日本がドイツへの面子を保つため、ソ連との紛争を望んだという興味深い分析の結果であることも明らかになった。

七月二十九日の沙草峯事件については、これまでソ連は沙草峯地区に積極的に進出したと考えられてきたが、ソ連は防共協定によるドイツの介入を恐れており、現地部隊の司令官ブリュヘル元帥も越境を禁ずる命令を出していたことから、この時の越境は国境線認識の相違によるものだったと考えられる。

外交交渉に関しては、ソ連外交文書の使用により日本側の主張も明らかとなった。日本が当初ポーツマス条約を理由にソ連に撤兵を要求した事実は、日本が張鼓峯事件を満ソの国境問題と捉えていただけではなく、朝鮮を含む北東アジアの問題として大きな懸念を抱いていたことを示すものである。

さらに、これまで定説とされてきた〝三つの国境線認識により国境不明確〟という国境線認識も外交交渉では一切触れられていなかったことが明らかになった。国境線については、日ソ両国が琿春界約に基づく明確な国境線解釈を有しており、琿春界約の認識が二通り存在したのである。

戦闘については、絶対不拡大方針を取った日本軍に対して、ソ連軍は飛行機と戦車を投入した近代戦を仕掛けた。このことから、張鼓峯事件の評価は日本軍が近代戦の洗礼を受けた戦いとされてきた。しかし、実際の損害を比較分析すると、ソ連軍の爆撃は日本軍を脅かすことができず、白兵戦では日本軍が圧倒していた。最終的にソ連軍の投入兵力は日本軍の三・三倍以上もあったにもかかわらず、損害はソ連軍の方が約三倍も多かったのである。

また実際には、日本軍は停戦時に高地の大部分を占領しており、ソ連軍の損害と併せると、張鼓峯事件の勝敗の見直しすら必要になる結果であった。これらの新事実により、張鼓峯事件の従来の定説を複数見直すことができたと考える。

さらに、実際のソ連極東方面軍は指揮系統、兵站、練度に問題があり、これらの欠点を補ったのがソ連極東地方の住民であったことも明らかになった。

特に兵站については、当時洪水が発生していたことも重なり、住民の支援活動がなければ維持できなかったといえる。住民の献身的な支援活動は、労働者や女性、コムソモール員など、まさに老若男女によるものであった。各地で開催されたミーティングは、各委員会の主導であったと考えられる。しかし、そこで労働者やコルホーズ員が行ったソ連軍に対する支援活動の決定は自発的であり、ソ連軍への協力について高い意識を共有していたといえる。

さらに住民の支援活動は、組織的であった。労働者が道路の舗装や停泊場の建設を行い、漁師や労働者が船で食糧や弾薬を前線に輸送した。彼らは前線で積荷を下すと空いた船に負傷者を乗せて後送し、病院では女性が衛生支援に参加していた。またコルホーズ員は、病院に家畜や食料品の提供を行っていた。

こうした極東地方全体での大規模で組織的な支援がなければ、ソ連軍の戦闘継続は困難であったといえよう。支援活動で重要な役割を果たした住民に、勲章が推薦されていることがその証左である。

極東地方の住民が、積極的にソ連軍への支援活動に参加した理由としては、張鼓峯をめぐる日ソ両国の地理的条件の違いが指摘できる。日本にとって張鼓峯事件は、満ソの国境線上で起きた紛争であったが、ソ連にとっては自国領土と直接接する国境紛争であった。これにより、極東地方の住民は強い危機意識を共有していたのである。

ソ連のプロパガンダも手伝い、極東地方の住民は日本軍の高地奪回作戦を侵略と捉え、祖国防衛のために総力を結集してソ連軍を支えたのである。こうした住民の大規模な支援活動は、これまでの張鼓峯事件の評価を完全に覆すものである。

すなわち、日本は絶対不拡大の専守防禦という「限定戦争」を戦ったのに対し、ソ連は祖国防衛戦ともいえる地域的な「総力戦」を戦ったのである。

筆者は中立の立場で張鼓峯事件の再検討を心掛けたが、本書で行った分析から、日本軍は与えられた任務を全うしたといえる。一方でソ連軍は停戦時には高地奪回を達成することはできなかったが、停戦後の一方的な占領により目的を達成したのである。

日本は当時の国際情勢の中でソ連との紛争を拡大するわけにはいかず、張鼓峯を含む占領地を放棄してしまったのである。

事件終結後のソ連軍の不法占領を歴史として振り返れば、ソ連軍は張鼓峯を獲得した。しかし、一九三八年の夏、「張鼓峯事件」で任務を全うしたのは、日本軍だったのである。

謝　辞

本書を完成させるに当たり、たくさんの方のお世話になった。

現代史研究の泰斗であられる秦郁彦先生には、ご多忙中にもかかわらず、原稿の全てに目を通していただき、的確かつ有益なご指導を賜った。秦先生は、アルヴィン・D・クックス『もう一つのノモンハン　張鼓峯事件　1938年の日ソ紛争の考察』で「解説」を執筆されており、その秦先生に本書を「初めてソ連側の重要史料を駆使して、日ソ双方の視点を交錯させつつまとめ上げた力作」と評価していただいたことは、幸甚の至りである。

秦先生と初めてお話をさせていただいたのは、数年前に自宅にかかってきた一本の電話であった。秦先生からの突然の電話にただただ恐縮していた筆者であったが、電話を終えた後に沸き上がってきた興奮と喜びは、今でも鮮明に覚えている。その後も軍事史学会の年次大会や基調講演などでお会いする機会があり、その度に秦先生にはご指導をいただいていた。

今回、秦先生の有益なご指導を全て本書に反映し切れなかったことは、筆者の力不足であり、今後の研究課題としたい。

ご多忙の中、お骨折りいただいた秦先生には、深甚の謝意を表したい。

本書ではロシア人研究者にも多大なるご協力をいただいた。極東連邦大学のタギール・フジヤトフ教授には閉館中だった公文書館、博物館への特別な手続きをしていただいた。また、研究者でありルースキーオストロフ出版社のアレクサンドル・ヤコベーツ氏には、本書で紹介した複数のロシア側の写真や再現図など多くの資料を提供していただいた。両氏のご協力なくして日ソ両国からの再検討は不可能であったといえる。国の垣根を越え、惜しみない協力をして下さったことは誠に感謝の念に堪えない。

日本大学教授の吉本隆昭先生、淺川道夫先生には博士前期課程で指導教授と副指導教授を務めていただき、筆者の研究活動のきっかけを作っていただいた。

吉本先生には本書巻頭に推薦のお言葉をいただいた。吉本先生は、かの有名な『ノモンハン事件関連史料集』(防衛省防衛研究所)の原史料をモスクワで収集してこられた方であり、日ソ国境紛争に広い知見をお持ちである。元々日ソ国境紛争に関心のあった筆者は、吉本先生に研究テーマについて相談させていただき、張鼓峯事件を研究テーマとして設定することになった。

吉本先生には、歴史学の基礎からロシア公文書館における史料収集の仕方まで、研究に必要な基礎を徹底的に鍛えていただいた。また、本書を構成する三本の学術論文も吉本先生の熱心な指導と貴重な助言により、高いレベルで完成させることができた。吉本先生には、心から感謝申し上げる。

淺川先生は、筆者を最初に軍事史学会へと導いて下さった方であり、学会活動のノウハウをご教示していただいた。学会での活動を広げることができたのは、淺川先生が研究方法に関する的確なアドバイスをして下さったからである。

両教授には、本書執筆の機会をいただき出版社の紹介までしていただいた。校正段階でも最後まで厳しくも的確な助言をしていただいた。両教授には改めて深く感謝申し上げる。

本書執筆に当たっては、他にも多くの先生方にお世話になった。紙幅の関係でお一人お一人に感謝を申し上げることができないことをお許し願いたい。

ご指導いただいた先生方のお名前をかかげ、厚くお礼申し上げる。

麻田雅文、荒川憲一、稲葉千晴、喜多義人、葛原和三、齋藤達志、戸部良一、花田智之、濵田秀、原剛、守屋純、横山久幸、吉田進（敬称略。五十音順）

二〇一五年六月二十五日

あとがき

二〇一三年の夏、筆者は張鼓峯事件の史料収集のためにウラジオストクへと出向いた。この年は、折しも張鼓峯事件から七五周年の節目の年で、現地では戦勝記念の盛り上がりを感じることができた。目的であった公文書館では、日本初出となる複数の史料を収集することができ、その帰り道に張鼓峯事件の研究者であるヤコベーツ氏と偶然出会うなど思わぬ幸運にも恵まれた。また、帰りの飛行機が遅延し、時間を潰そうとたまたま手に取った地元紙に、張鼓峯事件の特集が組まれているなど、この時はなにかと収穫が多い渡航であった。

帰国後、既に手元にあったロシア側の文献に新たな史料を加えて論点整理をしていると、そこには日本の〝張鼓峯事件〟とは異なる、ロシアの〝ハサン湖事件〟があることに気づいた。そして、この二つの事件を重ね合わせた時、張鼓峯事件の新しい事件像が見えてきたのである。

本書ではこうして見えてきた新しい事件像を、章別に組み立てて検討することにした。各章は筆者がこれまで発表してきた論文に加筆修正を加えたものに、新たに書き下ろした章を加えて構成した。

本書の来歴は次のとおりである。

- 「ソ連軍（ロシア側）史料等からみた張鼓峯事件」（『軍事史学』第四十八巻第三号、二〇一二年十二月）

・「ソ連外交文書からみた張鼓峯事件」(『軍事史学』第四十九巻第四号、二〇一四年三月)
・「「祖国防衛戦」としての張鼓峯事件――ソ連住民の支援活動を中心に――」(『大学院論集』第二四号、二〇一四年十二月)

本書執筆に当たり、張鼓峯事件を張鼓峰事件と表記すべきか最後まで悩んだ。近年一般的に張鼓峰事件と表記されることも多くなってきたからである。しかし日本の公刊戦史である『戦史叢書27　関東軍(1)』とクックス『もう一つのノモンハン　張鼓峯事件』において「張鼓峯事件」の文字が充てられていることから、最終的に「張鼓峯事件」の方が研究書に相応しいと判断し、本書では張鼓峯の文字を採用した。

本書の主たるテーマは、停滞していた張鼓峯事件研究をロシア側の史料と文献を駆使して前進させようとした点にある。

そのため、事件の発端や外交、損害などの大きなテーマを柱として、新事実から従来の戦史を補足、修正することに努めた。また筆者自身の提案や仮説なども批判を恐れずに積極的に盛り込んだつもりである。

一方で、現在アクセスできるロシア側の史料は膨大な数に膨れ上がっており、事件の細部を検証し切れなかった点は今後の研究課題として残った。従って、ロシア側の史料を使用した張鼓峯事件研究は、本書を以て完結するようなものではない。

また、本文中では先行研究に対し、批判的な意見を述べることが多くなってしまったが、あくまでも学術的な批判であり、筆者自身も一連の先行研究から多くの知見を得たことは多言を要しないであろう。本書に関しても読者諸賢の御叱正を請う次第である。

錦正社の中藤正道氏、本間潤一郎氏には、本書企画段階から刊行まで根気強く並走していただいた。両氏を始め錦正社の皆様には心から感謝申し上げたい。

両親には大きな激励を受けた。その心遣いに深く感謝し、本書の完成を報告したい。

本書執筆中の二〇一五年二月、待望の長女が生まれた。いつの日か娘が本書を手に取った時、一晩中我が子を抱きながら書物と奮闘した若き日の父の姿に思いを馳せてくれれば、父としてこの上ない幸せである。また休日も執筆作業に明け暮れる私を支え、誰よりも近くで応援してくれた妻に心から感謝する。

笠原孝太

二〇一五年七月　　静岡県の自宅にて

地名索引

な行

は行

ま行

や行

ら行

た行

さ行

事　項　索　引

た行

な行

は行

ま行

や行

索　　引

同一項目が2つ以上ある場合は、2番目以降の項目名を、1字下げて――で示している場合がある。

数字が含まれている場合は、五十音にこだわらず数字順にしてある。

長音(ー)、濁音、半濁音は無視して並べてある。

→は、矢印の右側の項目を見よの意である。

人名索引

あ行

か行

さ行

著者略歴

笠原　孝太（かさはら　こうた）

1986年静岡県生まれ。

日本大学大学院国際関係研究科博士前期課程修了、修士（国際学）。

サンクトペテルブルグ国立大学留学後、日本大学助手を経て現在日本大学大学院国際関係研究科研究生。

2015年、軍事史学会「阿南・高橋学術研究奨励賞」受賞（「ソ連外交文書からみた張鼓峯事件」『軍事史学』第49巻第4号〈2014年〉）。

日《にっ》ソ張鼓峯《ちょうこほう》事件《じけん》史《し》

平成二十七年八月二日　印刷
平成二十七年八月八日　発行

※定価はカバー等に表示してあります。

著　者　笠原　孝太
発行者　中藤　正道
発行所　㈱錦正社
〒一六二―〇〇四一
東京都新宿区早稲田鶴巻町五四四―六
電　話　〇三（五二六一）二八九一
FAX　〇三（五二六一）二八九二
URL　http://kinseisha.jp/

印刷　㈱平河工業社
製本　㈱ブロケード

ISBN978-4-7646-0342-4